How about My kids?

我的孩子怎么了

唐强勇 ◎ 著

中国检察出版社

图书在版编目（CIP）数据

我的孩子怎么了/唐强勇著. —北京：中国检察出版社，
2009.10
ISBN 978-7-5102-0152-3

Ⅰ. 我… Ⅱ. 唐… Ⅲ. 青少年教育—研究 Ⅳ. G775

中国版本图书馆 CIP 数据核字（2009）第 175976 号

我的孩子怎么了
唐强勇 著

出 版 人：	袁其国
出版发行：	中国检察出版社
社　　址：	北京市石景山区鲁谷西路 5 号（100040）
网　　址：	中国检察出版社（www.zgjccbs.com）
电子邮箱：	zgjccbsfxb@126.com
电　　话：	（010）68630385（编辑） 68650015（发行） 68636518（门市）
经　　销：	新华书店
印　　刷：	北京市德美印刷厂
开　　本：	710mm×1020mm 16 开
印　　张：	15.75 印张
字　　数：	181 千字
版　　次：	2009 年 10 月第一版 2009 年 10 月第一次印刷
书　　号：	ISBN 978-7-5102-0152-3
定　　价：	28.00 元

检察版图书，版权所有，侵权必究
如遇图书印装质量问题本社负责调换

自 序

从来没想过我会爱上这些孩子，他们愤怒的眉宇，流泪的眼神，嬉皮的笑容，所以，我决定来写他们。这就犹如看一道彩虹，渲染着不同的颜色，透射着不同的光色，才显得无比绚丽多彩。孩子也是一样，我们生活中接触到的不仅都是正面、健康的孩子，总会遇到反面、病态的孩子，其中的某个个体或一个群体，是不应该忽视的，他们的背后是一串串问题，同时也是一个个教训和警醒，引起我们的深思。于是，我决定写这本书。

这本书得益于我能够与这群问题孩子朝夕相处，这种时光有六年，六年的时间可以使一个孩子从小学顺利地进入初中，那么，我与孩子也是从相视无语到坦诚相对，从一无所知到略知一二，勉强算是毕业了。期间，一拨一拨的孩子羁押进来，又一个一个地解除教养出去，每个孩子有每个孩子的故事，每个故事都是一个色彩斑斓的世界，呈现着孩子生活的方方面面。他们跟普通孩子一样，有梦想、有抱负、有希望，心灵其实也是那样的纯净、清澈，有时候表现得又是那么脆弱与无助，需要关怀、怜爱、呵护。没有熟悉他

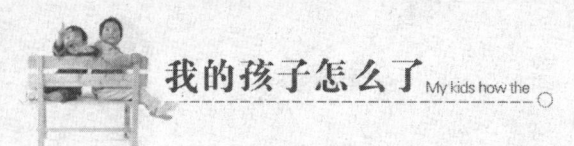

们之前，我总以为他们很坏很坏，只有坏孩子才会违法犯罪，只有坏孩子才会走进高墙。可以想象你小时候往邻居家窗户玻璃扔石头的时候，他们也许正在用铁棍撬邻居家的门，你不能不带着这种偏见。

  毋庸置疑，这些孩子成了一个个的反面典型，往往被家人放任，被学校放弃，被社会歧视，他们的心理也就产生了更深的阴影，行为也就变得更加的诡异和荒诞。然而，在与他们接触的过程中，我渐渐地能够理解他们的苦闷，体谅他们的过错，尽管他们曾经有过各种各样的违法犯罪行为，包括盗窃、寻衅滋事、故意杀人……采写的孩子越多，我越能知道他们有着各自的无奈和痛苦，所以，在采写过程中，我认识到任何一种先入为主的评判都是不正确的，也是不客观的，我只想将他们的叙述真实地记录下来，让他们能完全吐露自己的心迹，尽量不带任何主观的判断，不掺杂一点儿个人的情感，我只想让他们真正表达他们的内心，孩子需要什么，不需要什么。

  事实上，家庭对孩子的疏忽是多方面的，他们担忧孩子的未来与前途，总是从自己的角度来审视孩子前进的方向，或者，自己缺失的却要求孩子进行弥补，对孩子寄予更大的希望，因此，家长很多时候根本没考虑孩子的心理，面对他们的低落情绪时措手无策，不会好好地去引导与梳理，于是，孩子一个个也就出了"问题"，甚至造成了严重的后果，最终一个个走上违法犯罪的道路。所以，我从家庭的角度进行剖析，试图从家庭方面来找问题的根源，毕竟，每个孩子出生于家庭，成长于家庭，来自于家庭。无论孩子是一时冲动造成的伤害，还是他们情绪积累导致的惩罚，或者因为早恋、网络……这些不确定的因素成为了诱因，家庭始终是他们生存过的

自 序

第一块土壤，这块土壤是他们的生长环境，也是他们生活的依赖，家长在上面施多少肥，浇多少水，就能成长出什么样子的孩子。

问题孩子的比例有多高，统计口径不一、数据不一，但很明显的是未成年人违法犯罪的年龄越来越低，数量日益增多。你可以看到十几岁的孩子在家庭里的叛逆，在学校里的冲撞，在社会上的暴戾，随处可见的一些现象总是出现在我们的生活周围，让你领略到孩子在一天一天地变化，有些问题让你触目惊心、惊叹不已。我想说明的是，这些孩子非常值得关注，不仅问题存在于某些独特的个体，而且也可能发生于社会普通孩子的身上，也许只需要社会上的一次诱惑，只需要朋友之间的一次争吵，或者只需要家长的一次转身，正常孩子就可能在家长猝不及防的时候走上了不同的道路。如果家长能读懂这些孩子，家长就知道自己需要什么，不需要什么。

值得强调的是，我认为任何理论都不能轻易触及孩子的内心，也不能完全左右他们的行为，最坏的教育方式有很多种，最好的教育方式只有一种：你只有真正触摸到孩子的心，就能够知道哪些情绪是什么颜色，有着什么形状，就能够嗅到孩子的真正气息，确定为他们做些什么，你的行为甚至能够在他心里形成一生的记忆。于是，我相信只有深入审视孩子的内心，从普通家长的视角来解读孩子的家庭原因更实际，这也是我之所以这么执著地去了解孩子的心灵，剖析家庭的问题的原因，当然有人会说是我的固执、任性，权当我还有这份激情和兴趣，因为我也是一个孩子的父亲。

这样，绕来绕去又回到了孩子与家庭的话题，是为序。

2009 年 7 月 25 日于长沙体育新城

目 录
CONTENTS

第一辑　孤独的心灵

01　心灵创伤后的迷失 / 003
　　面对失足后悔莫及
　　家庭多灾带给我别扭
　　在恐惧中逃离学校
　　流浪的脚步越走越远
　　——插上幸福的翅膀

02　婚姻破碎的受害者 / 012
　　单亲家庭的单人生活
　　戴罪立功侥幸逃脱
　　频频得手难逃法网
　　——营造成长的摇篮

03 **破碎家庭断送的花季** / 022
　　暴戾的父亲让家庭伤痕累累
　　破碎的家庭使我如坠深渊
　　断送花季的我渴望家的温暖
　　社会的关怀让我看到希望
　　——筑一个安稳的巢穴

04 **冷漠亲情的烙印** / 031
　　妈妈是坏女人
　　家人漠不关心
　　侥幸逃脱重罪
　　迷途不知归路
　　——洒下情感的雨露

05 **一切恶果毫无防备** / 040
　　不幸遇到的一波三折
　　成绩一落千丈
　　混迹社会到一路深渊
　　——给一双赞许的目光

06 **一个人的错误成长** / 050
　　失落的童年
　　反复的出走
　　伤痛的流浪
　　——找一盏指路的明灯

第二辑　迷恋的陷阱

07　**沉迷游戏的代价** / 061
　　电游使我成了失魂般的幽灵
　　网游将我带到了奇幻的世界
　　沉迷为我挖掘了深深的陷阱
　　辛苦劳动使我认识了自我
　　——培养和谐的亲子感情

08　**游戏手柄引起的血案** / 072
　　平淡：农村孩子的生活
　　纠葛：游戏手柄的索赔
　　惨剧：疯狂报复的血案
　　对话：孩子背后的真实
　　——治愈隐形的心理伤迹

09　**偏见带来的失衡** / 082
　　一个怕痛的童年
　　一段淘气的历程
　　一个致命的错误
　　——处理孩子之间的矛盾

10 毒品吞噬的花样年华 / 092
   上当："灵丹妙药"治感冒
   下水：沾染毒瘾去流浪
   受教：幡然醒悟做新人
   思索：都是毒品惹的祸
   ——拒绝毒品带来的侵害

11 一个成功孩子的失败 / 101
   童年的一生回忆
   初恋的一场浩劫
   大学的一次迷失
   ——架起通往彼岸的桥梁

12 牵上堕落的魔手 / 110
   好奇：破碎家庭的诱惑
   网瘾：学习期间的魔手
   堕落：茫然生活的结局
   抱怨：为了明天的希望
   ——选择适合孩子的方法

第三辑 流泪的伤迹

13 为了家庭的情债 / 123
   冲动惩罚，在责骂中辍学

挨打受辱，在闹事中结伙

异地谋生，在求助中出手

亲情感动，在后悔中感悟

——释掉心灵的包袱

14 孤独的学习之旅 / 133

反复择校的风波

重返学校的困惑

工作出事的落魄

——重视孩子的举动

15 是谁给了我伤痛 / 143

环境影响的情绪

暴力导致的出走

梦想跌落的深渊

——消除家庭的暴力

16 三条人命的惨剧 / 152

上学时期的逞强

惨不忍睹的血案

魂不守舍的逃离

——主导孩子的行为

17 上学路上毁掉的幸福 / 160

惊悸：心碎的遭遇

追随：冲动的教训

迷离：陋习的沾染

醒悟：未来的希望

——杜绝社会的伤害

18 　暴戾酿成的大错 / 168

幸福往事的印象

父母吵闹的影响

女孩烦我的后果

——化解家庭的争吵

第四辑　带刺的玫瑰

19 　那场早恋里的堕落 / 179

溺爱：感受可怜的慈母心

求学：燃起全家的希望

早恋：尝到更多的忧伤

出走：卸不下心灵的包袱

反思：我看到了自己的路

——平静对待孩子的早恋

20 　一场阴影的影响 / 188

家庭的破碎与阴影

混迹社会学会坏习气

迷恋女人铤而走险
——合理调适阴暗的心理

21 叛逆里的早恋 / 197
出生不久失去了母爱
在早恋中叛逆出走
网络爱情使我越陷越深
走进了一夜情的深渊
——**解决叛逆孩子的早恋**

22 怨恨我的父亲 / 208
属于我的幸福生活
努力做个乖巧孩子
父亲给我的印象
一个意外的结局
——**减轻孩子自卑的压力**

23 淹没在爱慕之情 / 217
迷恋蝴蝶般的身影
丧失空气般的自由
走进地狱般的深渊
——**妥善处理爱慕的情感**

24 在流动中抉择 / 226
流动求学不愿再提

早恋之情不能自已
留守生活不堪回首
——熟悉每个时期的特点

后记 / 235

第一辑
孤独的心灵

踮着脚尖
只为达到你测量的高度
生活是一根时时拔节的春笋
我一次一次地跳跃
总想看到父母希冀的眼神

你的每一次转身
将我的心思
遗落成一地的碎片
一次一次的泪流满面
我以为这就是记忆

走着走着
如同在黑暗里
始终寻找阳光的出现
一个人找不到另一个人
哪怕给我的只是自己的阴影

踮着脚尖
我站在屋檐下
守望能够抚慰我的方向
视线丈量的起点
是我们心灵开始的远离

01　心灵创伤后的迷失

采写手记

　　看到每一个身陷高墙或走向堕落的孩子，他思绪的活络、言语的沉稳会让人觉得他与平常的孩子无异，但是，事实上他们却走到了这一步。的确，每个孩子都有一个不同的故事，堕落的孩子总有出人意料的原因，这些原因看似偶然，其实，其中会有很多的必然。不然他们不会往这方面走，只是他们在迷茫的时候没有人引导他们，没有人告诉他们要怎样做。孩子在面对我时，他的表述虽然有点漫不经心，但看得出他是娓娓道来，如实相告。我想：他的分析也是中肯的，"家庭给他带来的伤害"是他生活的一部分，这一部分是很多孩子成功与失败的起跑线。

个人资料

采写对象：小林（化名）

年　　龄：17岁

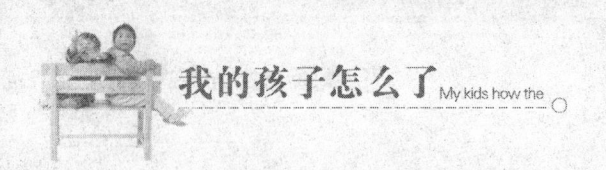

罪错性质：盗窃

文化程度：小学

爱　　好：上网

家庭情况：父母双亡，成了孤儿，跟随堂兄堂嫂生活，家庭生活拮据。

案件追踪

某日，小林窜至长沙市某住宅区，将停放在一台阶的男式摩托车的电线剪断，骑上去准备发动该车时，被车主发现并抓获送其到派出所。

成长记录

面对失足后悔莫及

高墙里的生活时间不长，一刻一秒却显得那么漫长，走出高墙的这天，眼前的城市繁华热闹，还是那么光怪陆离，远离社会一段时间的切肤之痛让我沉思。早已离我远去的岁月勾起我的回忆，让我重新寻找一段美好的生活，而我那宝贵的时光却永远也回不来了。

回想自己人生中最阴暗的一天，却又是我心灵回归平静，灵魂开始复苏的一天，我在盗窃一辆摩托车时又一次被带进派出所，当时，已经是我流浪6年之后，年幼的我天真地以为，这次我又会被教育释放，最多也不过拘留几天。后来，办案警察向我宣布一年劳教期限时，我的头脑一片空白，每天吃不下饭。我总是一个人静静地坐在墙角，那种强烈的恐惧侵蚀着我的灵魂。

自己以前的种种劣习是有原因的，这些行为带给别人很大的痛苦，而我自己也并没有真正快乐过。之所以最后违法，以致身陷高墙，我归结自己走到这一步，一是年幼贪玩把持不住，二是家庭环境给我带来的伤害，三是学校不正确的处置方法，一切的一切造成了我的自食其果。

为了彻底改变自我，培养自己树立正确的人生观，我积极配合警察的教育矫治，主动向他们反映自己的心理问题。我开始每天记日记来锻炼自己，增强自己的意志，我在今年的一篇日记中这样写道："又是一年春草绿，我也以崭新的精神面貌点缀我这个生机勃勃的春天了，可以说，我灰暗的人生正发生深刻而可喜的变化，我认识到昨天已为尘埃，我昂首阔步走向人群，没有人瞧不起我，我会有新的起点。"

为了劝诫比我更小的孩子，更不懂事的孩子，在警察的带领下我走出高墙，深入到大中专学校参加过法制报告会，跟学生伤痛地谈了我的经历和反思，我不知道他们是否有过这些错误的冲动，但我是一个很好的教训。

家庭多灾带给我别扭

我出生在云南省宣威市的一个贫困的山区里，家就坐落在群山包围的一个低洼处，我经常看山、看远方……14年前，也就在我不到4岁的时候，一场突如其来的灾难降临到我家，我那中年才娶的父亲得了一场绝症逝世。我还没有从失去父亲的悲痛中解脱出来，母亲在过度的悲伤中也选择了一个彻底了断的方法，4个月后，母亲承受不了忧伤和生活的压力自杀身亡，我成了一个孤儿。

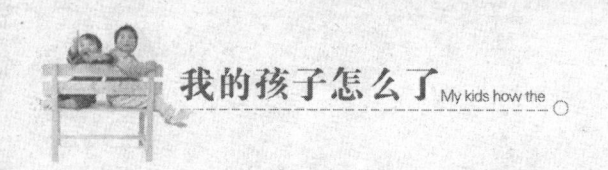

尽管失去父母带给我巨大的伤痛，但这远远不是我命运改变的开始，堂兄收养了我。堂兄是伯父的儿子，与父亲年纪差不多大，那时候，他已是4个孩子的父亲。我走进家门，给这个原本贫困的家庭带来了更重的负担，但堂兄堂嫂从没后悔过，没有半句怨言，更没有对我另眼相看，我平时也都是以"爸妈"称呼他们。我在家年纪最小，他们非常疼爱我，生怕我有什么想法。我一个孩子，也不能有多少想法，只是觉得很别扭。

尽管不太适应，但他们的所作所为的确感动了我。记得有一次我高烧不退，堂兄二话没说，背起我就往镇上的医院跑，那天晚上，下着好大的雪，他走在坑坑洼洼的山路上，6岁的我伏在他弓箭一样的背上，全身软弱无力，但堂兄的情深义重让我感动得泪流满面。我发誓：一定要听他们的话好好读书，走出这个大山。

在恐惧中逃离学校

表面看来，致命的创伤不是家庭带给我的，事实上，很多因素交汇在一起，谁又说得清楚？我进入初中上学后，堂兄堂嫂因为耕种忙得不可开交，让我一个人去镇上的初中报到。记得出门那天，堂嫂将200元钱小心翼翼交到我手上，并千叮万嘱地对我说："弟啊，你一定要保管好钱，这可是我们家辛辛苦苦挣来的钱，到学校后好好读书，听老师的话。"就这样，我第一次走出大山沟到镇上念书。来到镇上之后，我没有铭记自己说过的话，也没有去认真学习，倒是看到周围的同学疯狂地玩游戏机，吃高档零食，穿名牌服装，一股无名的自卑感涌上心头。看着街边的玩具，我鬼使神差地摸出了兄嫂平时省吃俭用的钱。那时，学校周边环境差，我偶尔也去电子游戏室，在那里认识了几个街上的"小混混"，我跟他们交上朋友后开始逃学。自从逃学以后,我忘记了兄嫂的期盼,忘记了老师的苦口婆心,忘记了自己的铮铮誓言。我天天游荡在街上,也开始明白他们玩游戏的钱原来是偷来的,这时我虽然后悔不该与他们玩但并没悬崖勒马,在朋友的引诱和怂恿下,我将两根哆哆嗦嗦的手指伸向了别人的口袋。第一次,3张鲜红的百元大钞出现在我眼前,我既兴奋又惊喜,这可是兄嫂一个月辛辛苦苦的收入呀,可我不过是举手之劳。这次以后,我伸进别人口袋像伸进自己口袋一样自然,我不再害怕。随着经验和阅历的增加,外面混的朋友开始叫我"老大",我感到很有面子。

当我正沉浸在这种沾沾自喜中时,却在一次扒窃时被人当场发现,我挨了一顿暴打,接着被路人反捆着手游完小镇唯一的一条街,面对着熟悉和不熟悉的人,我低着头,心里一片空白,想到这下全完了,我恨不得立即死去。我被送回了学校,老师对我冷言冷语,当天学校就召开大会,校长站在讲台上慷慨激昂地作了一场报告,我小声地念着只有自己能听得清的检讨书,台下2000多双刀一样的眼睛放出锐利的光芒,我感觉这些刀一样的眼睛在一刀一刀地削着我,我那时真是无地自容,真希望一下子撞死在墙上。事后,校长要求我通知家长,我没有脸面见兄嫂他们,于是,选择了离校出走。

流浪的脚步越走越远

我没有脸面见任何人,镇上是待不下去了,家里又不敢回去,我就跟社会上的几个朋友去了宣威市。在那里我们游手好闲,每天白天睡晚上偷,这样持续了一个月。一天晚上,我和两个朋友去一个仓库偷东西,由我在外面望风,就像没事一样围着围墙东瞧西瞧没有发现人,突然听到里面声响好大,接着听到骂人的声音,我看

我的孩子怎么了

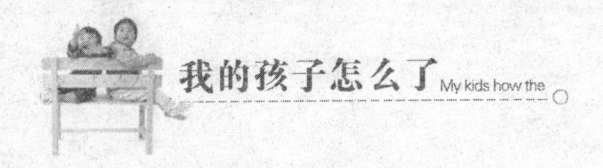

见两个朋友被抓住了,自己飞也似的跑了,跑出很远,心跳还像打鼓一样。我当时只有一种想法:尽快离开这个地方。于是我连夜赶到火车站,随便爬上一列火车,等我睡一觉下车后才知道我已到达了四川成都。

一个陌生的城市带给我更加艰难的生活。那时我才12岁,一个人不敢去偷,我每天靠卖报纸、捡垃圾来维持生活,但这赚来的微薄收入根本解决不了我的生活问题,我只好去偷,很快我被抓入收容遣送站,遣送人员联系不到我的家人,只好将我送到昆明市的郊区。我身上没钱回家,而且本来就不敢回家,于是我就和同时被遣送的大人一起混。在14岁的时候跟着别人来到长沙,也去过几家工厂做事,但都不尽如人意。其间,我真的想过不再做坏事,尝试去一家槟榔店打工,但那里工作辛苦不说,老板还很凶,动不动就骂人。后来我又去了一家饭店打杂,那里的工作不仅很累,更可气的

是我做了两个月连一分钱的工资也没领到，走投无路之下，我又走上了这条违法的道路，以致最后我被投送劳动教养，这不能不说是一种自我惩罚。

心灵启航

插上幸福的翅膀

五光十色的社会给了处于成长期的孩子很多的诱惑，他们没有足够的自我把持能力，在他们因为好奇、欲望而走错路的时候，我们该采取怎样的方式去教育他们？这是每个家庭在面对孩子成长时期都要考虑的问题。一般来说，失去父母对于孩子来说是非常不幸的，他们的心灵会受到沉重的打击。由于情绪受到严重扰乱，孩子会表现出爱发脾气或烦躁不安；也有的灰心丧气，孤独自卑；有的终日待在家中怕见人，有的不愿待在家里或出门后不愿意回家……这些现象不一而足。

本案例中的孩子，父亲的离世原本就是一个沉重的打击，而且，母亲又在孩子的伤口上撒了一把盐，自杀身亡，孩子成了一个孤儿。可想而知，一个无父无母的孩子，时时要受到别人的另眼相看，家庭环境的突然改变使脆弱的孩子难以承受，就算堂兄收养了他，孩子的阴影一时也难以摆脱，相当一段时间内适应不过来。怎样关心、教育这类孩子，使之能够较正常地成长，也就成为家庭的主要课题。这个时候，一个后续家庭承担的责任远远比一个亲生家庭的责任重

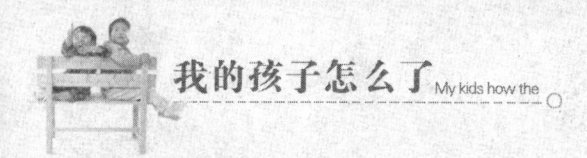

得多。因为，对这个家庭而言，父母又不是亲生父母，家长的角色如何定位，如何充当好监护人，这也是一个深层次的问题。这样的家庭不仅要给予孩子更多的照顾，更要从心理上进行疏导，孩子在心理上和情绪上原本难以经受得起家庭带来的痛苦、挫折和失望，如果家庭的主体功能再次缺失，孩子出问题也就变得"情有可原"。孩子处于青春期，即使是与亲生父母的沟通都时有矛盾，那么，这种非亲子之间的沟通花费的精力就更多，所以，对于孩子的问题，要理性地看待。不管有没有分歧和矛盾，家长依然需要努力掌握科学的沟通方法与孩子进行沟通，长期坚持，使之成为自己的生活方式，从而根本上促使彼此关系和谐，为不幸的孩子插上幸福的翅膀。

针对突然遭遇生活的不幸，孩子生活很不顺利时，建议家庭：

1. 认清孩子虽不幸但不是"可怜虫"。 作为抚育孩子的监护人，自己要从失去亲人的痛苦中解放出来，认真安排新的生活，稳定自己的情绪，振作精神，让孩子从惶恐不安中走出来，要用更多的时间考虑如何肩负教养子女的重任，端正对孩子的看法。家长不要主观地给孩子灌输"他不幸""他抬不起头来"、"他可怜"等意识，只要给孩子一片明朗的天，孩子就能明朗地成长。

2. 正视孩子是无辜的但不是"累赘"。 家长表达实心实意地帮助他，他的学习、生活等家人都要帮助。从帮助的角度来体现家的责任感和抚养义务，以朋友的角色进入孩子的生活，相处起来会更加从容，成年人"错位"的感觉会自然而然地淡化，以至消失。

3. 使孩子认识到他是家庭的成员，也是社会中的一员。 要让孩子知道监护人培育孩子是应尽的责任和义务。处于成长时的孩子模仿能力强，会受家人情绪的影响，因此与孩子在一起生活的监护人，

一定要善于克制自己的消极情绪，调节好自身的心态，积极、坚强地面对现实，给孩子树立榜样；这样，孩子才有依靠，才不会感到自卑，才能积极进取，才能融入一个整体。

4. 监护人及时与学校沟通。监护人不要将孩子交给学校就无暇顾及，要多与教师沟通、交流，了解孩子在校的行为、学习、生活，可以充当孩子的亲生父母参加一些社会活动和学校活动，使孩子与同龄孩子有同理共感的过程。家庭教育是一个长线事业，成人说的每一句话、做的每一个动作都有可能影响到孩子们脆弱的心灵，为他们以后的人生道路起到转折作用。

02 婚姻破碎的受害者

采写手记

孩子的迷失与家庭脱不开关系。我的感觉是，没有家庭的孩子如同断了线的风筝，他们飘向哪里没有人知道，只是在他们犯错了，家人才可能来关注他们，但是，这能够弥补一个孩子丢失的一切吗？谁都是父母的孩子，谁都可能成为孩子的父母。眼前的这个孩子，没有人指导他如何生活，在他犯错时也没有人给他更多的引导和启示，使他越走越远，越陷越深。我在想，每场婚姻在法定程序里领到结婚证，可是他们是否能够领到教育孩子的合格证？至少，离婚了，对一个孩子的教育就会出现"中空"，难道孩子不是最大的伤害者吗？

个人资料

采写对象：小邹（化名）
罪错性质：盗窃

年　　龄：15 岁
文化程度：小学文化
爱　　好：上网
家庭情况：父母离婚，跟父亲生活，父亲忙于工作，很少顾及到他。

案件追踪

前科：曾因盗窃被两次拘留，每次拘留 5 天。

某日，小邹窜至长沙县某小区 K 栋一楼通道内，盗得一辆"豪爵"女式摩托车，价值 6680 元。

成长记录

单亲家庭的单人生活

我是从 7 岁开始记事的，那年上小学一年级，恰好在那一年，我的父母因为一件小事吵架，后来吵得不可开交导致闹到了离婚的境地，我被判给了爸爸。爸爸忙于自己的事，很少照顾到我。

从上学到三年级的时候，我的成绩都是很不错的。但无论我成绩的好与坏，爸爸似乎从来就没有关注过，很少问到这方面的问题，我只是感到一切就是那么的无关紧要、无足轻重，我在这种被人疏忽的情况下，慢慢地迷上了网络游戏，以致开始逃学，没有钱上网我就偷爸爸的钱，时间一长，偷东西换钱也就成了我的习惯。有一次学校组织秋游我没有去，和一个同学跑到网吧上网，那个同学说

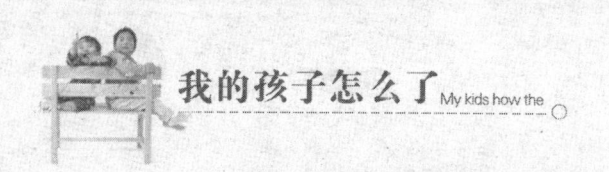

我的孩子怎么了 My kids how the

他父母有 2000 块钱在家里放着，我想了一个办法，在他玩游戏入迷的时候将他的钥匙偷走，开了他家的门将钱拿走，那些钱供我在网吧玩了好一阵子，在我刚将钱用完时，不知道我家里怎么知道了这件事，爸爸将我好好地教育了一回。

戴罪立功侥幸逃脱

我并不知道悔改，有一次我到妈妈那里去，因一件小事和妈妈吵了一架离家走了，在外面玩又没有钱，我走投无路的情况下偷了一辆自行车，后来找了一个修理自行车的老板卖了，老板给了我 80 元钱。刚离开的时候，他说："小兄弟，下次有货可以再找我。"我没出声就走了，心里想着这样来钱容易，不花多少工夫就赚了这么多钱，下次没钱可以继续这么干。我在网吧玩了一天一夜，第二天没钱了又跑到先前偷自行车的地方，正准备下手时被保安发现了，那个保安将我押送到了派出所，在那里被警察讯问了一个多小时后，我被关进了一间小房子里面。在那里我希望警察叔叔能给我一次机会，不要送我去坐牢。果不出其然，警察叔叔看到我年纪小，给我家人教育我的机会，第二天就放了我，他们对我说："小朋友，下次别做这样的事了，这样的事是犯法的。"我根本没有将他们的话听进去，只是口头上答应得好好的，心里却在嘀咕：这个地方我被抓住了，但这个城市有很多这样的地方呢。于是白天我找容易下手的地方踩好点，晚上继续偷别人的自行车，一个月下来，我一共偷了 60 多辆，心里不知道有多高兴。可是好景不长，有一次我偷了一辆崭新的自行车正准备进行交易时，背后来了两个人将我捉住，起初我以为是买车的人，等我反应过来，两名警察已经给我戴上手铐将我带到派出所。他们问了我一些情况，要我交代车都卖给了谁，我原

本不想说，后来经不起他们的讯问就如实说了。说完之后，警察叔叔将我带到卖车的地方，让我仔细辨认后将收购自行车的房子团团围住，我指认了方向，警察叔叔就冲进屋里将人和车一同带走了。

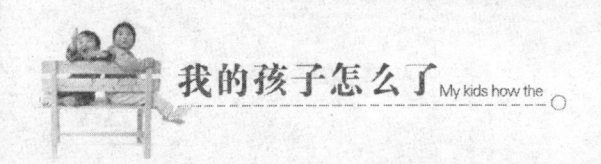

那里面有一百多辆车，而我送来的就占了60%，回去之后，警察叔叔说："你本来是要被拘留，但你讲了实话，也算是戴罪立功，而且你年纪小，我们对你进行教育，你出去就不要干这样的事了。"我说了声"谢谢"，飞也似的走了。

频频得手难逃法网

在家的时候，我常常会跟爸爸吵架，一气之下我又一次离家出走。出走之后我没地方去，只好没日没夜地待在网吧，在网吧认识了一群年纪相仿的人，并且和他们玩到了一起。久而久之，他们就将他们以前的一些事情告诉我，我知道他们是偷车贼，但是他们偷摩托车，好车可以卖几千，差的也能卖好几百，他们喊我一起干，经不住他们口如簧舌的鼓吹，看着他们用钱时的潇洒，我想都没想就答应了。他们说："晚上12点多钟，人们都睡了，那时候好行动。"我们在网吧玩到了12点多钟，于是你叫我我叫你的一个接一个地走出了网吧，我们在一个员工宿舍的院子里找呀找，可是连一辆摩托车的影子都没有，我想今天晚上可能黄了。转来转去，我们发现在最后一栋房子的门道边上停放着一辆还很新的摩托车。我的朋友就拿着起子弄了几下，其中一个朋友拿片钥匙叫我去试试，看看可不可以发动，我顺口答应了，我磨磨蹭蹭走到摩托车前面，心里还是有点慌，毕竟这是第一次偷摩托车，我慢慢将钥匙插进锁里一扭，锁就开了，我赶紧将车子发动，驮着他们飞奔而去。车到手了，我们商量着谁去卖，最后我和一个同伴去了，我们将车开到收车的老板那里，将车卖了一千多元我们就回到网吧。他们在网吧等着我们，后来我们去吃夜宵，三四个人搞了两箱啤酒，我被他们灌得酩酊大醉，第二天醒来后我们又去网吧继续玩游戏。那个网络游戏叫"传奇"。刚玩这个游戏，因进服务器人太多太满，挤都挤不进去，后来我们干脆24小时不下机，挂在那里，一转眼过了四五天。

每天吃住在网吧，我们的钱又用完了，到了晚上12点我们寻找机会上手。这次来到了一所学校，我们是四处看看，等我摸索到一个角落，回头一看周围一个人都没有了，他们不知道到哪里找车去了，我当时还很紧张。正要去找他们时，我看到一辆电动摩托车停在楼梯口，我从口袋里掏出开锁的工具轻轻一扭，想不到锁一下子就开了，我迅速将车开走。一切出乎意料的顺利，我想有了这片钥匙，我还不如一个人单干，于是我找另外一家网吧过了一夜，第二天骑着车到处找卖主，可找了差不多一个上午都没人买，我心里着急了，我害怕卖不出去没钱用。过了很久，我终于看见一个叔叔，我立即跑上去问，他先是问我车是怎么来的，我说是我爸买给我上学的。他又问我买车的证明，我说我没带在身上，而且是和家人吵架，出来了没钱吃饭，我想尽一切办法说服他，最后我以300元的价格将电动车卖给了他。几天之后钱就用完了，我就自己一个人去偷车，结果被警察抓住了。中午警察去吃饭了，门口只一个人值班，我想到了逃跑，我刚走到大门口就被门口的值班人员拦住了，我说警察叔叔决定放我走，他们信以为真，我就这样逃了出来。

逃出来了，我身上没钱就去了外公家里，刚敲了两下门，外公就出来了，他一出来就骂我。从他的言语里，我才知道我的外婆过世一星期了，可我全然不知道，当时我觉得自己很伤心，自己在外面流浪，家里的一切都不知道，真是有愧。尽管如此，我还是受不了他的责骂，又一次跑了出来，我去偷摩托车的时候再次被抓，自此，我没有再逃出法律的制裁。一开始我被送到看守所，刚进去的

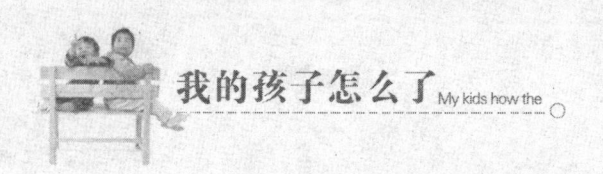

几天里，我几天几夜没睡，东西也吃不进去，感觉胃肠满满的，突然想起了家里，流下了眼泪，那是我第一次流泪。多行不义，这可能是我得到的结果，在看守所待了几个月后我被送到了劳教所，在里面我反反复复地想了不少，自己也知道错了，不该走上犯罪的道路。

在那里，我受到了很多教育，也学到了很多知识，在这段漫长的日子里，我的思想和心态慢慢地发生了转变，我相信只有通过自己的努力，总会有好的结果，回到社会后，一定要变成一个良好的公民，去创造一个美好的未来。

心灵启航

营造成长的摇篮

世界上许多职业都需要经过考核，就业者必须持证才能上岗，比如司机、医生、律师等。如果父母也需要"持证上岗"，效果会怎样呢？心理学研究表明，孩子是以"家庭联产承包责任制"为中心根植于其中，他的语言、概念及思想方式等，最初都是从与父母的互动中，一点一滴汇聚而成。所以，孩子的早期教育，只有父母具备了相应的资格和能力，才能顺利地完成教子育人这一神圣的任务。父母深爱着孩子，一定希望自己的孩子在成长过程中不留遗憾，那么就要为当好父母做些"功课"。所有的案例中我们都希望父母能创造一个和睦的家庭，孩子在那样的家庭里快乐成长，但是，往往事

与愿违。

　　本案例中的孩子，在残缺的家庭中成长，所以他才会有不健全的思想和如此怪异的行为，以致走上了违法的道路。孩子本来不是差生，但是在父母离婚后，没有了完整的家庭，谁也顾不上他，谁也不管他，这样的家长对孩子不管不顾，不闻不问，孩子在家庭关系里仿佛可有可无，在这样的背景下的孩子怎么可能有个健全的心灵？结果，孩子犯错误了。生活在这种残缺的、毫无爱心的家庭，孩子感受到的只有黑暗、恐惧与冷漠，如何让他懂得怎样去爱别人？很多时候受父母灰暗的生活态度的感染，或者因为家庭无暇顾及，孩子喜欢去接触社会不良青年，养成许多不良的生活习惯。受不良生活习惯和不良的生活环境的影响，孩子的智商和情商发展也受到严重制约。另外，孩子本身自控力不强，面对诱惑时就很难克制自己，随时都可能做出不道德或违法的事情。青春期的孩子，他们在心理上和情绪上都难以经受得起缺少父或母所带来的痛苦、挫折和失望。任何孩子都需要有一个完整的家庭！所以，父母在没有充分考虑孩子的情况下，千万不要草率离婚。离婚对孩子的伤害非常大，往往会使孩子感到无所适从、无依无靠，终日郁郁寡欢，难以找到自我幸福。

　　针对这种家庭残缺、处于自我生活状态的孩子，建议家庭：

　　1. 培养孩子的刚毅性格。"单亲"未必不完美，不能武断地认定单亲家庭就没有能力给孩子以完美的教育，即使不能给孩子一个完整的家庭，依然可以以良好的心态来尽力弥补单亲带来的缺憾，争取把家庭破碎给孩子带来的伤害降到最小，多鼓励他们。鲁迅先生说得好："伟大的胸怀，应该表现出这样的气概，用笑脸来迎接悲

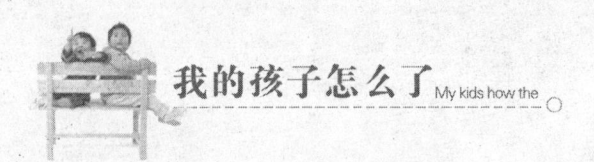

惨世界，用百倍的勇气来应付自己的不幸"。贝多芬说："用痛苦换来欢乐"；"我要扼住命运的咽喉，它妄想使我屈服，这绝对办不到"。这些至理名言，能激励孩子，无论遭遇什么，都能保持不屈的奋斗精神而扼住命运的咽喉，成为生活的强者，要让他们正确地看待父母的婚姻。

2. 培养孩子的耐挫折能力。多跟孩子讲古今中外名人战胜挫折的故事，"榜样的力量是无穷的"，如毛泽东主席，为了中国的革命事业，一共失去了6位亲人，可他心如铁石坚，强忍悲痛，不屈不挠，终于建立了新中国；又如音乐家贝多芬，一生多难，17岁丧母，32岁耳聋，随后恋人又离他而去，一连串的不幸，对他打击很大，但他没有消沉，没有气馁，仍顽强地创作，谱写出无数不朽的名曲，享誉全世界。让这些活生生的事例，深深地打动孩子的心，他也会用这面镜子去照照自己，从而获得战胜挫折的精神力量，鼓励孩子去勇敢地面对生活，使孩子能很快摆脱沮丧颓废的心理，全身心地投入到学习中。

3. 多聆听孩子的心声。残缺家庭的孩子最渴望得到关心与爱护，因此，家长应该对他们倾注更多的爱，使他们也能享受同龄孩子应该拥有的欢乐，不要因为沉溺于自己的痛苦而忽视孩子，也不要因为歉疚心理而迁就、溺爱孩子；让孩子与父母双方都有接触、交流的机会和时间，感受父母双方对他的爱；扩大孩子的交往面，让他有较多的机会接触与单亲家长不同性别的成年人，将更多的爱倾注给他们。

4. 告诉孩子真相让他选择。父母离婚的话题在离婚率增长的今天已被讨论过多次，与其空谈，不如结合当前的家庭实际，一是家长在婚姻中有白头偕老的打算，共同教育抚养孩子；二是有最坏的

打算，如果婚姻破碎，如何面对孩子，包括怎样将这个事实告诉孩子，怎样解决孩子的抚养问题，怎样让孩子接受新的家庭成员的问题，这是一个很现实的问题，关系到一个家庭的幸福，关系到孩子的成长与未来，让孩子有一个选择的权利。

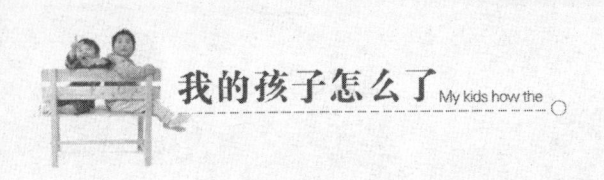

03　破碎家庭断送的花季

采写手记

慢慢地听着孩子的诉说，我的心情有一丝沉重，沉重之余，我却有更多的欣慰。我的欣慰是孩子还有他的自信，还有希望。原本一个好好的家庭走到这种地步，似乎完全可以归咎于其父亲的粗暴。这样的父亲造成的不仅仅是家庭的破裂，还断送了孩子美好的未来，但是，亡羊补牢，犹未晚也，父亲看到孩子的信后，懂得了是自己造成了家庭的不幸。从他的信中，不仅可以看出他的悔恨，也可以看出他终于找到了自己作为一个父亲、一个丈夫的位置与责任。孩子虽然失去了美好的童年，但在这么多人的关心下，在他自己的醒悟下，他一定会有一个美好的明天。

个人资料

采写对象：小任（化名）

年　　龄：15岁

罪错性质：盗窃

文化程度：小学

爱　　好：上网

家庭情况：母亲患有精神病，父亲因犯罪被送进监狱，无经济来源。

案件追踪

在几个月的时间里，小任伙同小廖在长沙市某小区宿舍，采取踢门入室手段盗窃作案3起，盗得项链、戒指、手机、电脑等财物，共价值人民币2万多元，盗窃人民币1万多元，赃款全被挥霍。

成长记录

暴戾的父亲让家庭伤痕累累

那一年，也就是从我5岁开始记事起，父母的争吵从来没有停歇过。那时城市道路拓宽，我家房子拆了，一家3口就挤在一间小出租房里，在10平方米都不到的空间里，父母的争吵更多，都是为了一些鸡毛蒜皮的事。母亲是从宁乡农村嫁到长沙市里来的，父亲很看不起这个从乡下来的女人，我不知道他们是怎样走到一起的。

父亲的暴戾性格渐渐明显，隔三差五就毒打母亲。记得有一次，母亲炒菜时加多了盐，父亲尝到味道咸了，二话没说就抡起巴掌，一下子就把瘦弱的母亲扇倒在沙发旁，尖尖的沙发碰伤了母亲的眉角，流了好多的血，我一下子就惊呆了，站在一旁只知道哭。由于

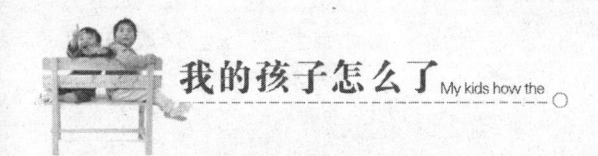

父亲的拳打脚踢，母亲受肉体的摧残以致影响到精神方面，她的情绪变得越来越不稳定，经常去买菜也不知道带钱，明明把东西放在书桌上却到处乱找，对我也开始唠叨一些乱七八糟的话。有天中午放学，我经过家门口的菜市场，看见一个脸色苍白的女人在那儿游荡，她穿着睡衣，光着脚丫，披头散发，我当时吓坏了，这不就是我的妈妈吗？她呆呆地望着我，迷茫的眼神好像不认识我一样，我喊了一声："妈妈，你怎么在这里？"她没有说话，表情冷淡地望了望我。一个摆摊的阿姨告诉我："小朋友，你妈妈可能受了点刺激，神志有点不清醒，你先带她回家，让她好好休息。"

我牵着母亲的手把她领回家，让她坐在床铺边，我坐在她身旁，此时母亲的记忆已模糊不清，当时我不知道做什么才好，只好打开书包装模作样地看书。大约下午2点半，父亲回来了，我还没有作任何说明和解释，他喝斥我一句："还不快去上学！"我就这样被父亲赶去上学了。

破碎的家庭使我如坠深渊

所幸的是母亲这次得病很快就好了，家里也平静了一段时间。没多久，拆迁后的安置房屋建好了，我们一家也住进了新房，但这并没有给我带来新的希望。父母的争吵变本加厉，父亲威逼母亲离婚，母亲放不下年幼的我，始终不愿意离婚。好几次，母亲被打出了家门，躲藏在邻居家、亲戚家……父亲的暴躁性格让我不寒而栗。

我自己不争气导致的错误也让父母伤透了心。上学时，我与学校体育课代表发生了矛盾，我想：只要他再惹我，我就对他不客气。第二天我们因为争抢体育器材发生了矛盾，吵了几句嘴之后，我一声不响地跑到学校食堂，抄起案板上的菜刀就朝他的脸上砍去，顿

时他俯下身哭了，鲜血一滴一滴从他的脸颊流了下来。

　　不久，我与父亲因为这件事坐上了被告席，因为我当时年纪小，不够刑事处罚，但法院判决我家里要赔偿对方2万元的医药费。那时家里并不宽裕，父亲赔不起钱，结果被抓去拘留了15天，回来以后，父亲的性格越来越孤僻，很少言语。家里显得死气沉沉，冷酷而冷清，因此，我不喜欢回家，不喜欢与隔壁的小朋友玩，不再与周围的人沟通、交流，放学了我也是在路上磨磨蹭蹭不愿意回家。

　　那时，父亲不顾我情绪上的变化，执意与母亲离婚。我被判给了父亲，而他根本不尽一个做父亲的责任，经常不回家，有时回家了也是酩酊大醉。已经有三次坐监经历的他从不考虑我的心理问题、生活问题。幸好母亲在病情得到控制后主动回来照顾我，我和母亲在一起日子过得很幸福，但幸福的时间并没有持续多久。在秋天的一个晚上，长沙政法频道电视里闪现出一个熟悉的身影：我那暴戾

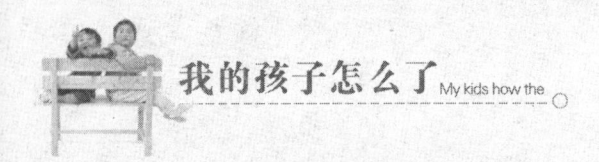

的父亲耷拉着脑袋,双手戴着手铐,这个没有家庭责任感的父亲因贩卖毒品被判刑 15 年。听到这个消息后不久,不知什么原因,母亲的病情又开始恶化。父亲被判刑,母亲成了精神病,我不知道我的明天在哪里。

断送花季的我渴望家的温暖

父母的离婚使我失去了幸福和快乐,而父母在我印象里名存实亡的时候,你想想我过得有多么的抑郁和痛苦!我不再去上学,又没有生活来源,我每天想方设法弄钱,夜晚我就去撬人家的门,什么值钱就拿什么;白天,我就躲在网吧玩游戏、聊天,我开始尝试抽烟、喝酒。前年,我在盗窃一台 IBM 手提电脑时被公安机关抓获,随后被送少年收容所教养 3 年,那时,我才 15 岁。

我给父亲写了一封信,父亲在监狱里回信时,那种撕心裂肺的醒悟让我感喟,我记得他的第一封信是这样写的:

……

当我接到你的第一封信时。我深感内疚、惭愧,为父只能向儿子道一声对不起,我知道这些永远不够,无奈的爸爸只请求你能原谅。当我知道你的情况,在警察的关心教育下你表现得不错时,我得到了安慰,你长大了,懂事了,当然这一切都离不开警察的耐心帮助,请代我谢谢各位领导及警察。孩子,你要记住爸爸的话,认真接受教育,不要骄傲,不要任性,更不要辜负警察为你付出的辛劳,别让大家对你失望,这就是父亲对你的嘱咐与要求,望你争取早日获得自由。

现天气渐渐地寒冷,没有父母在你身边,你要自己照顾自己,身体是革命的本钱,随时注意天气的变化,别着凉。你妈妈没来看

你，你也不要怪她，她旧病复发（疯了），没有办法了，毕竟她是你的亲生母亲。

……

父亲这迟到的忏悔和醒悟以及对我的教诲，我都一一牢记在心，可我还能回到那美好的童年吗？我还能有一个美满幸福的家吗？

社会的关怀让我看到希望

尽管父亲虐待了我和母亲，使母亲疯了，使我在无拘无束的放任自流中受到了应有的惩罚，但我已经不恨他了，毕竟他是我的亲生父亲。我被收容教养后，警察对我进行了深入而广泛的教育，我受到了很大的启发，我的身世和遭遇更受到警察的关怀，他们给了我无微不至的关怀和体贴。另外，我上学时的班主任想让我走出高墙后继续学习，她主动给我打电话，让我似乎又找回了那个学校中的我，同时，社会也给了我很多的帮助。

为了回报社会，在接受教养期间，我自愿申请到相关单位现身说法。今年5月，在警察的带领下我去了某县司法局，给那里的叔叔阿姨讲了我的故事，我想告诉那些大人怎样去呵护一个幸福的家，怎样教育孩子，使孩子们远离违法犯罪。后来我又去了长沙市某国际实验学校，我的故事让那儿的老师和学生深表同情，老师送给我一个日记本，上面写道："你是一个聪明的孩子，你努力朝目标走下去，你将来会有出息的。"当我讲完自己的故事从台上走下来，那些和我一样大的学生围住了我，握着我的手说想和我交朋友，并且把他们的零花钱捐给我，说是想让我好好改造。那时候，我觉得我的天空不只有阴暗，还有阳光明媚的时候，如今，我离走出高墙只有一年的时间了，到时，我想我会重新开始我的人生。

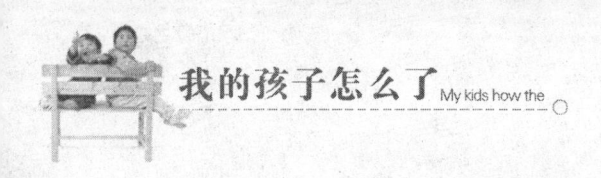

心灵启航

筑一个安稳的巢穴

家是什么？是孩子的港湾，是心灵的栖息地。家是孩子们出生的地方，是第一个生活环境，是成长的基石，家庭生活是否和谐，对孩子身心发展影响极大。一般说来，生活在和谐家庭的孩子，身心发展都是健康的，成长都是顺利的，建设和谐家庭也是教育好子女、促使子女身心健康发展的重要前提。心理学家调查研究表明，和睦的家庭气氛有助于提高孩子的智商。

本案例中的孩子，缺少的不仅是一个完整的家，而且遭受了家庭的冷漠打击。父亲动不动就殴打母亲，无形之中，孩子在同学之间因为摩擦也会大打出手，甚至拿起菜刀行凶酿成大祸。心理学家在研究中发现：如果孩子生活在批评中，他便学会谴责；如果孩子生活在敌视中，他便学会好斗；如果孩子生活在恐惧中，他便会忧心忡忡；如果孩子生活在鼓励中，他便学会自信；如果孩子生活在安全中，他便学会相信自己和周围的人们。这里，父亲有不可推卸的责任，他亲手导致了这个家庭的阴暗，但无论是哪一方的原因，家庭都是一个共同维护的整体，在家庭中缺少任何一方都是不健全的家庭。孩子父母均在，但母亲患了精神病，父亲入狱，他们没有发挥或发挥不了家庭角色应尽的职责，孩子生活在这种残缺的家庭，容易走上歧途。美国一位心理学家曾对几千名孩子作调查，结果发现常有笑声的家庭的孩子比父母不和睦的家庭的孩子智商要高。这就说明家庭的心理环境对孩子的发展十分重要，父母营造环境、环境塑造孩子，父母和孩子共同感受到家的温暖，让爱滋润着孩子的心灵。这样也容易让孩子树立起自信心，具有自我满足感。因此父母应尽力营造和谐、民主、平等的宽松愉快的家庭氛围，使孩子精神上没有压力，让孩子的人格得到健康成长。

针对孩子周围充满不安定的因素等，如何营造优化、健康生活的环境，建议家庭：

1. 营造健康的心理环境。尽量使家人在认识、情感、意志、兴趣、理想、世界观等方面统一，努力营造宽松、平等、和睦、温馨的家庭气氛，以利于孩子的健康成长。特别是对那些家长与孩子经常发生矛盾，家庭关系比较紧张的家庭，要更加注意。使家长在明确良好心理环境对孩子的重要影响基础上，进一步提高家长的教育方法，从而改善家庭教育环境。

2. 做孩子的知心朋友。闲暇时间与孩子进行沟通，而聊天是与孩子沟通的最好方法。通过聊天走进孩子的内心世界，更加深入地理解他们，从而正确地引导他们。家长们不可居高临下地训斥，要将平等的观念传递给孩子，使孩子获得了平等的地位，使他更敢于讲真话，乐于和家长亲近。

3. 要与孩子一起成长。父母要帮助孩子明确生活、学习目标，完成新我的塑造。现在的家长对孩子的身体健康状况一般都很重视，然而对孩子的心理健康却重视不够、关心不够、切实努力去解决得不够。要懂得孩子需要什么，拒绝什么，给他们起示范作用。我们的家庭在一定的物质生活保障的基础上，更注重为孩子提供一个温

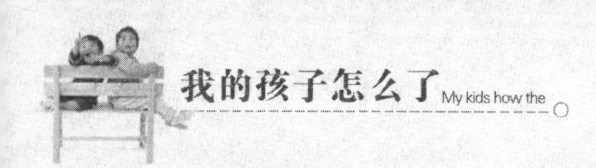

馨的成长环境，让他们真正感受家庭成员的爱，在孩子的成长过程中，不可低估言传身教的影响，因为这是人才的起点和根基。

4. 尊重孩子的需要。 家长要把孩子当成独立的社会的人，尊重孩子的社会需要，而不能把孩子永远当成小孩子看待，企图把他拴在自己身边，更不能当着外人的面数落、训斥他，以免伤害他的自尊心。如果孩子有一些观点和自己的观点不一致，要心平气和地说明理由，采用商讨的方式，以理服人，使孩子不仅知其然，还要知其所以然。不能用成人的眼光、态度来教育子女，用命令式的说教进行批评，不断指出他的不足，告诉他应该怎么办，不应该怎么办，以免使他产生逆反心理。

04 冷漠亲情的烙印

采写手记

　　阴天，没有阳光，天空颜色就是屋檐上一片青瓦的模样。即使是晴天，与孩子交谈他们的经历是沉重的，何况天气如此阴暗，如同一滴蓝墨水浸在眼角。面对孩子，我是在再一次撕扯他的伤口，再一次让他凝视自己的疼痛。我感觉那是一种很残酷的方式，但我需要他的表述，需要他来完成我们的对白。幸好，这个孩子并没表示反感，也没表示厌恶，还友好地说："你说我真的走上了不归路吗？"我说："没有，这只是偏离了起点，回程不远，可以重新出发。"他傻傻地笑着，但我不感到那是傻笑，而是他的无奈与希望。在这个世界上，你缺少什么并不重要，重要的是你知道自己缺少什么，然后去努力。

个人资料

采写对象：小曾（化名）

我的孩子怎么了 My kids how the

罪错性质：盗窃

年　　龄：18 岁

文化程度：初中

爱　　好：画画

家庭情况：父母离婚，跟随父亲、奶奶一起生活，父亲在家务农。

案件追踪

前科：曾因盗窃被判拘役 5 个月。

某日，小曾伙同他人窜至一居民住宅的台阶上，准备盗窃一辆摩托车时被车主抓获，送到派出所。

成长记录

妈妈是坏女人

我生长在单亲家庭，爸爸长期在外面打工，妈妈离家出走，奶奶将我带大。奶奶告诉我，爸爸看不惯妈妈在家无所事事，说她懒惰，特别地反感，因此时时吵架。在我两岁时他们离了婚，我从此就再也没见过妈妈。日子一天天过去，我也一天天长大，等我稍微懂得一点事情时，奶奶就经常跟我讲妈妈一些不光彩的事，说是妈妈不要我，这种无休无止的灌输使我对妈妈的坏印象越来越深，自此在我心里留下了深深的烙印，导致我对妈妈产生了恨意，一提及她我就想起这是个坏女人。

我开始上学时，很小，才4岁，每天看着别的小朋友都是爸爸妈妈来接送，而我没有家人接送，只是一个人孤孤单单地走在上学或放学的路上，我心里总是在想，爸爸为什么不能来接我？妈妈为什么要弃我而去？每天听别的孩子叫妈妈时无比亲热，而我从来不记得妈妈的模样，我去问奶奶："妈妈是什么样子？"奶奶总是对我说："你现在还小，不要想那么多，她是个坏女人，在你很小的时候她就不要你了，她不会回来了。你要记住，长大了也不要找像你妈一样的坏女人。"在学校里同学们都嘲笑我是个没妈的孩子，这反而加深了我对妈妈的思念，但我的这种思念只是徒劳，我往往一个人躲在角落里哭泣。哭过之后我总是会莫名其妙地想：我为什么会与他们不同？

家人漠不关心

上学以来，其实我的成绩一直都是名列前茅。因为同学们的嘲笑，也因为我总是觉得家人并不关心我，在他们面前，我好像变得可有可无、无关紧要，想起这些我就会无心读书。等我到四年级的时候就不愿意上学了，开始和社会上混的人在一起玩，和他们一起小偷小摸。那时候，家里也没人管我，我就是在外面染一头金发回去，也不见爸爸说我什么。从那时起，我的成绩一落千丈，老师见我成绩下滑，就去找我爸爸，爸爸气得几次要我休学，在奶奶的坚持下我才得以继续上学，但我还是不思进取，仍然我行我素。等我到了五年级，我就经常逃学，上课也经常和老师对着干，有时候他们叫我站起来，我偏偏不听，反而在他们过来扯我起来的时候我却推他们，反反复复几次后，老师也不管我了，我以为他们是怕了我。他们对我爱管不管更加助长了我的放纵。

我的孩子怎么了 My kids how the

由于我的不听话，奶奶和表哥表姐对我的态度也是一反常态，有点事情做的不对就冲着我大吼大叫，我要做什么他们要么不同意，要么就对我一顿责骂。我心里在想，算了，你们不给就不给，我可以自食其力，不求你们。在那以后，我就经常在外面偷东西，还和几个朋友一起打架斗殴，闹得我们整个村子鸡犬不宁，他们也没有人愿意答理我们。到六年级时，我经常不做作业，逃课更加厉害了，学校几次劝我爸爸让我转学，我说："读完最后一期，混过去就算了。"没想到我居然考上了初中，家人劝我还是继续读下去，我不耐烦地说："我真的不想读了，读书没意思。"家人说："不读怎么办？你现在这样小，在外打工没人敢要，在家又无所事事，不管怎么样，读完初中后总会要好点。"我想混就混吧，反正是你们要我读，我变得更加无所谓，也更加放肆。我放学后经常去网吧，无心学习，总是找家里要钱上网，次数多了，爸爸可能也察觉出我的不对劲，他不耐烦地说："你以为我是开银行的？我哪有那么多钱给你？"我当时并不能理解他，却是大声说："不给就不给，你以为我没办法弄到钱？"此后，我又开始大胆地偷东西，甚至和社会上的人一起去搞敲诈，因为我当时还小，只是跟着比我大些的孩子一起混，我站在他们中间凑个人数，助助声势就能分点钱。有了钱我就去上网，有时不想回家，只想泡在网吧。奶奶对我不放心，回家就对我唠唠叨叨，我一听她数落这数落那的就不高兴，就觉得烦，连家门都不想进了。我想，我还不如干脆在外面玩，反正不论是在外面还是在家里，都没什么人照顾、爱护，家人给我的又只是更大的烦恼，这样就导致我对家人更多的不满。

侥幸逃脱重罪

读到初二年级的时候,通过社会上的朋友,我认识了一个新朋友,他是一个盗窃团伙的成员,这个团伙有13人,他们被那些朋友称为"大鱼十三少",我不知道那是什么意思,只觉得那名字也够气派。这13个人全部是未成年人,而且专门干些盗窃、打架、抢劫等违法的事。当时,我的朋友劝我加入进去,他们说加入之后每天都有好日子过,那就是不会挨饿,不会没钱。我心里想:只要有钱用,就不会被人瞧不起,不会被人欺侮,相反,人人会对我刮目相看。于是,我毫不犹豫地加入了他们的组织。

上初三的时候,我因一件小事打了一个同学被停课一周,老师说:"你一个星期之后再来上学,如果以后都不想来的话,学校也不勉强。"我跟爸爸说了这件事后,爸爸爱答不理地说:"随你,但以后出什么事,可别怪我没有让你读书,也不要怪我这个父亲太绝情。"我也轻描淡写地说:"好哪,我保证不会怪任何人。"从那以后,我就没去学校了,真正来到那群朋友中间和他们一起"闯"世

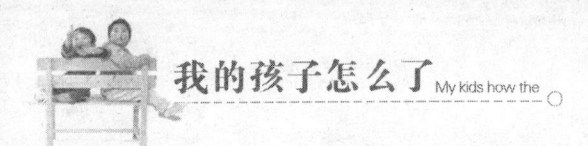

界了。然而，我的"理想"并没有实现，不久，我因盗窃被抓进了看守所。我整天胡思所想：这个世界太不公平了，我的命运太曲折了，为什么那么多坏人没被抓住而偏偏抓住了我？等到开庭的那天，我的家人全都来了，我感到紧张，不是觉得对不起家人，而是害怕法官判我很重。法官问我以后打算怎么办时，我想了想，装作很可怜地说："我保证以后不干坏事了，好好做人，好好读书，希望法官能给我一个机会，让我早日回归社会，重新做人。"法官点了点头。也许我认错态度好，也许我是未成年人，也许我是从犯，那次审判对我从轻发落，我只被判了5个月拘役，而我的那些朋友都被判了十几年，少的也有二三年，判决后我的心里久久不能平静，我真为那些朋友难过，不知道他们如何度过几年、十几年的监狱生活，我想我真得要好好读书，不要再走老路了。

迷途不知归路

好了伤疤忘了痛。在我被拘役出去一年之后，碰到了以前的一个朋友，聊了一会儿，都说自己没钱用，生活过得不如意，于是一拍即合商量去弄点钱。我们想到去偷摩托车卖掉，我们到处找目标，终于在一户人家门口看见一辆五羊DY—125型摩托车，他说："你去推过来，我站在外面放风，到手后赶紧开走。"当我过去把摩托推出来后，户主便追了出来，当时我吓坏了，丢了摩托车就跑，户主一边追一边大声喊："抓贼哪。"听到喊声，我的前后左右都围满了人，我被他们追得上气不接下气，终于被他们捉住扭送到派出所，我立即被送到拘留所。我当时想，以前我做了那么多违法的事都只判了5个月拘役，这次最多拘留半个月就会出来的，但是没过几天，警察说要送我劳动教养，让我签字时我没签，但警察说："你不签也没用，你的罪错事实已经成立，你还是会被送去的。"我常听里面的人说，劳教所的日子不好过，每天要做事，生产任务完不成就要受处罚。我当时的唯一想法就是要逃出去，在拘留所的日子里，我每天睡不着觉，总是想着怎样可以逃出去。当时我天真地想：要是劳教所的警察不来接我就好了，那样我也就不会被送去了。当天，警察叫我收拾东西送我到了劳教所，所里警察说了在里面不能抽烟、不准打架。我对新的环境一点都不了解，也不熟悉，更不适应，总是有种不愉快的感觉，事实上，在这种情况下，谁会愉快得起来？正好在这时候，有个新来的劳教人员和我一样，他说他也不习惯这里的一切，我们便商量着逃跑，我们看好地形，准备踹开一根钢筋钻出去，然后顺水管攀援出大院，再翻围墙逃走。那天夜里4点多钟，我们装做上厕所走出寝室，就在实施行动时被巡逻的警察发现了，警察给我们讲了许多道理，也使我明白了一些道理，我只得按部就班地接受这里的一切，因为我是逃不出围墙封锁的。

在我闲下来望着围墙的时候，我好后悔，后悔没有听家人的话，后悔没有好好读书，在后悔中有一些恨意，那就是怪我妈妈，要不是我从小没有得到妈妈的爱，要不是这样没有温暖的家庭，我也就不会这样轻易地走上违法犯罪的道路。

心灵启航

洒下情感的雨露

有一句西方俗语说："幸福和不幸犹如一根'棍子'的两端，

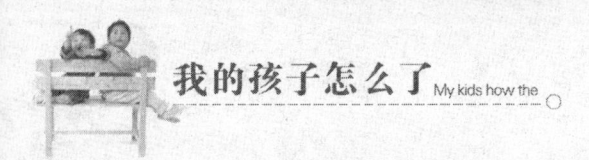

一旦你拿起生活的这根'棍子',同时也拿起了愉快和烦恼、幸福与不幸",也就是我们中国的俗语:"甘蔗没有两头甜。"其意思是说,任何人不能只要求幸福而完全回避不幸。正如生活在不健全的家庭的孩子容易出现问题少年,但是,并不是所有这样家庭的孩子都会成为问题少年一样,都是一个道理。孩子的过程是从0岁开始,他在生活过程中不可能没有错;家庭对孩子的教育也是从0岁开始的,不仅仅是父母,就是家庭所有的成员都应该是这样一种态度,时时给他们洒下情感的雨露。

　　本案例中的孩子没有受到家庭的重视,孩子感受不到家庭的关心,家庭的教育反而是不健康、不健全的,一直在向偏激的方向发展,不但加深了孩子的心理阴影,而且激发了孩子潜藏在心里的矛盾。家长不努力设法让孩子克服无母亲的自卑,反而强化孩子憎恶母亲的念头,一味指责母亲,将一个孩子根本没有印象的母亲妖魔化。于是,孩子在与周围孩子的比较中会表现出更强的失落感。孩子上学、放学形单影只,相对和睦的家庭而言,只有一种说不出的羡慕与无奈。这时候家人并没有理解孩子的内心,在孩子出现错误时,反而是群体性的冷漠,家庭成员一致对孩子的错误不加分析地批评,这对孩子无疑是致命的打击。孩子面对自己被指责,想到的第一个方法就是逃避,这很容易导致他们离家出走,或者他们长时间泡在网吧,企图从那些虚拟的世界中找到自己的兴奋点,又或者与跟自己谈得来的朋友混在一起,做出一些错误更大的事情来。对大多数现代家庭来说,那种不尊重孩子人格、把孩子当做自己附属品的落伍观念早已被抛弃,但是"做孩子的好朋友"不仅仅指与孩子一起玩、一起闹,如果忽略了身为家庭所肩负的更重要的职责的话,也难以在孩子的成长路上起到真正的引导作用。

针对缺乏亲情、存在严重自闭心理的孩子，建议家庭：

1. 撕下孩子的"自我标签"。 孩子处于不健全的家庭中，这种既定的事实无异于给孩子贴上了"标签"，就相当于给了孩子一个铠甲，将他锁定了，要让孩子摆脱这种观念，尽可能以积极的话给他们以鼓励，如："你现在已经有了很大的改变。""只要继续努力，一家人就能改变以前的一切。"

2. 杜绝指责与谴责。 家人总是试图从自我思维出发，要求孩子怎样做，做得怎样；如果没有这样去做就惩罚或是诋毁，这会激发孩子更加强烈的情绪，甚至产生更加严重的后果。要正视孩子与他周围的世界，孩子尽管出现了各种错误，尽量避免以偏概全，更不要动不动就谴责。

3. 传递一种温暖的亲情。 亲情也是一个接力的过程，在每个家庭成员中相互传递。对孩子的情感，不仅只有父母双方，所有的家庭成员都是一样。每个成员对于孩子的爱都是一点一滴的过程，就像往一个容器里注水，你不知道是哪一滴使容器满溢，但不断地关怀是一个主动的过程，只会得到孩子的喜欢、认同、肯定，让家庭能够在一个不健全的状况下也能形成一个整体。

4. 要学会相互照镜子。 家长从孩子那里听到的意见要分析，自己对孩子是否过于苛刻，很多习惯是否影响了孩子，相反，要教育孩子参与到家庭的活动中来，形成一个互动的家庭关系，让大家都能看到这个家庭存在的快乐与不快乐。

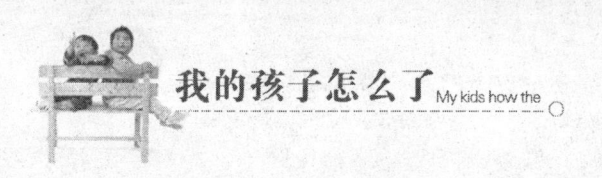

05 一切恶果毫无防备

采写手记

认识这个孩子，是从他的故事开始。我陷入一种思索，对他，对他的家庭，也是对社会，甚至想象街头女性耳环被拉扯的血淋场面，这些竟然出自身旁的这个孩子。孩子实施的暴力是那样的令人沉重，责怪和惩罚孩子的同时，孩子却又显得很无辜，包括他与我说话时的眼神，依然很纯净，很无知，那种神态很天真，这可能都是人的善良的一面，但是这一面被他的生活彻底掩盖，只有在他回忆幸福的往事时才会透露出孩子的天性。但这种回忆是他生活中很少的一部分，对于这样的一种状态，我想说点什么，而孩子突然意识到了什么，对我笑笑，那浅浅的一笑似乎是他给我最好的答案。

个人资料

采写对象：小刘（化名）
罪错性质：抢劫

年　　龄：14 岁

文化程度：初中

爱　　好：无

家庭情况：父亲早逝，跟随外婆生活，母亲打工，后跟随母亲和继父生活，与家庭成员关系一般。

案件追踪

前科：曾因盗窃车牌被抓获，经教育后释放。

小刘在外"打流"，被曹某、"成哥"在广东收留，为他们提供吃住及其他开支，并教授他们抢劫方式。一年多的时间，小刘和其他同伙被曹某、"成哥"多次带领在永州城区进行抢劫。共抢劫20余次，抢夺财物价值人民币27963元。

成长记录

不幸遇到的一波三折

随着"哇"的一声啼哭，我来到了这个色彩缤纷的世界，听母亲说，爸爸希望我能够出人头地，给我取了一个非常响亮的我字。

我感谢爸爸对我的期望，然而，长大了我不能亲口喊他一声，更不能亲眼见他一眼，因为爸爸在我出生不到40天就撒手人寰，病魔缠身使他不幸地过早离开人世。

家里缺少了一根顶梁柱，因此母亲一个人抚养我。母亲为了能够赚钱培养我，无奈之下只好离开我外出打工，我被送到外婆那里，

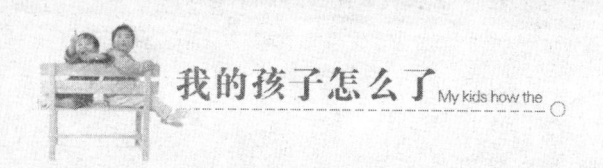

由外婆带着我，外婆身体不好，走路都必须依靠拐棍。尽管如此，外婆还是克服各种困难尽心尽力地照顾我，并且从我出生不久一直照顾到我3岁。3岁的时候我来到了我的表姐家，在那里也开始了我的上学生涯，那是在上幼儿园时。在我进幼儿园，母亲送过我唯一的一次后，我便再也没有见过母亲来接送过我，我知道母亲抚养我的不容易，要支撑一个家更不容易。

表姐对我非常好，我感觉她给我的就是一位母亲的形象，给我洗衣服、做饭……对我无微不至地关怀，我很感动。那个时候，我虽然很小，但自尊心很强，什么事情都不示弱，只要有谁骂我是无爹的孩子或是讲我妈的坏话，我就肯定会争得面红耳赤，甚至不惜跟人打架，因为这样的原因，一遇到小朋友的嘲笑，我跟小朋友打架的次数也多，在班上我也就成了"坏孩子"，这个"坏孩子"的帽子像一团阴影笼罩在我的头上。

大概在我8岁的时候，母亲告诉我说找了一个新爸爸。听到这个消息，我的内心很矛盾，说不出当时是一种什么样的心态，好像有点无所适从，又好像有点患得患失，总之，我又说不出自己究竟是怎样的一种情绪。继父是一个老实的农民，住处离我们家有好远的距离，不在我们生活的一个地方。我们搬过去时，一切都是新的，我必须面对新的家庭、新的学校、新的爸爸……

也许是不适应新的环境，又或许是我太调皮，转学后的第一天我就和高年级的同学打了一架。打架过程并不严重，谁也没有将谁怎么样，但这件事情却闹得满城风雨，整个事情成了同学中的特大新闻，说我一个新来的很"拽"，一点都不懂规矩，他们甚至组织一帮人联合来对付我，总是有意或无意给我制造麻烦。我感觉他们总是戴着有色眼镜看我，甚至连老师也是如此，老师也好像不是太关心我，似乎只要我不给他们惹麻烦，就烧高香了。从三年级转学到五年级的两年时间以来，我的成绩从来没好过，总是在班上倒数几名，一成不变的位置，从来没有挪动过。成绩虽然不是很好，但我还算开朗，在学校里还是交了很多朋友，这算是一种安定的生活。

成绩一落千丈

在我上六年级的时候，一堂生动的课使我有了很大的转变。当时就读的那所学校，只有从幼儿园到五年级这几个班级，六年级就要到初中部的一所中学。在上六年级的时候我也就只得转学。接触了新的班主任，那是个年轻的班主任，刚从师范大学毕业，人长得秀气，只是稍微有点胖，我们私下里叫她"胖妞"。她给我们的第一堂课让我记忆犹新，那堂课也是我上学以来听过的唯一一堂完整的课。她刚走进教室就说："今天这堂课不讲别的，就选班干部，但不一样的是我们是竞选而不是指定。"她刚说完，教室里一片喧哗。我抱着试一试的心理选择了体育委员这一职务，我上台演讲了一番，谈了自己的打算，得到了一片热烈的掌声。结果也出乎我的意料，我以36∶8的比分击败了对手，当上了体育委员。自从那后，我的学习成绩突飞猛进，行为习惯有了更大的改变，更没有以前那种无所谓的心态，老师和同学们也对我刮目相看，我对自己也有了更加严格的要求，成绩直线上升，第一次月考就考了全班第八名，期中考试到了第四名，期末的时候就到了全年级第二名，三门功课考了288分，我的小学以优异的成绩完美结束。

初中以后，我的生活也比较正常，但是一件事情却彻底摧毁了我。那天吃完中饭我坐在篮球坪的石凳上看小说，没想到一个初三的同学冲过来对我说："细伢子，是你打我弟弟吗？明天给我买两包

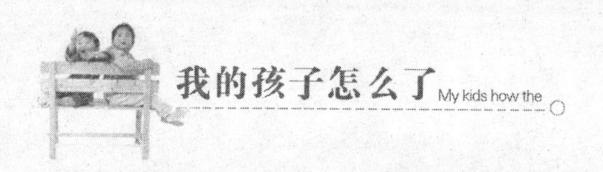

芙蓉王烟来，不然叫你好看。"说完他就扬起手，甩了我一巴掌后扬长而去。我在那里愣了半天，感到莫名其妙，我不认识他，更不认识他的弟弟，更别说我从来没打过什么人啦。我心理很不舒服，越想越气愤，我下午干脆就没去上学了，而是直接到住的村子里喊了几个朋友一起去了学校。这些人都是平时跟我表哥玩得好的朋友，听我一说，他们也很气愤，说是一定要给我报仇。我们径直去了学校，找到中午打我的那个人，一下就把他打趴在地上。一个朋友对我说："今天你是个男人，你自己上来将一巴掌的仇报了。"我二话没说，想都没想，从地上拿起一根扫把棍，从他的头一直打到脚，直到将那根棍子打断了。而在后面看热闹的同学没一个敢上来扯架。这件事情后，我跟那些朋友关系很好，跟他们学会了抽烟、喝酒、赌博、谈恋爱等，渐渐地又成了逆反心理特强的孩子，只要是人们不让我干的事情我偏偏不听。在学校里不能顶撞老师，可我就跟他们对着干，一堂历史课我没认真听课，偷偷地躲在下面写情书，老师让我站起来，我首先不情愿地站起来，可在我刚一站起来，就迅速抄起身后的凳子往老师身上砸，他因为毫无防备，被我打了个正着，这也就成了我后来退学的一个因素。

第二次顶撞老师是这样的，那时上初中二年级。中午休息时我没睡觉，而是在看书。一个老师从窗前走过，将我喊了出去，先是将我带到行政办公室教育一番，然后又告到班主任那里，我的抵触情绪并不大，毕竟是我错了。再后来又将我喊到行政办公室，那个老师还动手打了我一下，我一时来了气，想都没想，对着他就是一脚，我用力很猛，一脚就将他踢到墙角上。出了这件事，我就没法再去上学了。

混迹社会到一路深渊

退学后，刚出来混的时候，是邻村一个熟人带我在一个厂子里做事。或许是他不爱打架，半年里我没有与人发生过矛盾，更没有动过刀子。熟悉的人多了，他们跟我说："现在的人都是向钱看，有钱就能解决问题。"他们说得很无意，但我听了却是想让自己拼命地赚钱，可是出来差不多半年了，什么钱也没赚到，感觉很失落。后来我和一个朋友开了间餐厅，可是也没什么收益。没什么好的谋生方式，我只身来到广东，准备在那儿找一份工作，可是工作并不是那么容易找，找来找去，身上的钱都用光了，在饿了四五天之后，我一个人在街上漫无目的地走着。突然一个人叫住我说："兄弟，落难了？先跟我吃餐饭，洗个澡，有什么事再说？"我在走投无路的情况下自然跟着他去吃了饭。他说："我也不是什么好人，但也同情你。要么你想回家我就给你一百元钱做路费，你去做好人；要么跟着我一起大鱼大肉，大把赚钱。"我选择了第二条路，也因为这个错误的选择，我走向了堕落。

请我吃饭的这个人原来是专门抢劫的，我跟他在一起，他教我很多方法和技巧，我们开始行动。其间我回了一趟家，因为我表哥说找了个对象，叫我回去。这次是我最后悔回去的一次。表哥的对象在一个酒吧上班，我们晚上七八个朋友去了那个酒吧，不知道哪个倒霉鬼将我们中的一个人撞了一下，本来我们已经喝得迷迷糊糊，这一撞就撞出了是非，我们对着他就是一顿暴打，我拿出一把弹簧刀朝那人的头上砍去，立即，对方也上来了六七个人朝我们冲过来，顿时酒吧乱成一团，啤酒瓶到处飞。我们将冲在前面的一个人一脚踢下楼梯间，滚到了一楼。这时有位兄弟说："快跑，他们中有警察。"他这么一说我们便四处跑了。过了几天，我表哥说那天打我们的人在一个酒吧，我们赶过去，二话没说，对着他就是几刀，打完之后就跑了。

打了这两次架后，我又去找专门带我抢劫的那个人。我去了永州，那里还有几个同伙在那边，我们基本上都是听他的指挥。我们主要抢项链和耳环，我们每天在街头物色目标，然后尾随着动手，主要是在女性毫无防备的情况下，冲上去，一把将项链或耳环扯下来，一个箭步跑得无影无踪，当然，我们中有的去抢，有的在前面故意设路障，我们总能屡屡得手，在短短的一个月，我们就抢了二十多次，最后终于受到法律的惩罚。

心灵启航

给一双赞许的目光

台湾著名作家三毛在散文《一生的战役》里写道:"我一生的悲哀,并不是要赚得全世界,而是请你欣赏我。"这个"你",指的是她的父亲。有一天,父亲读到了三毛的一篇文章,给她留言:"深为感动,深为有这样一棵小草而骄傲。"等女儿看到后,"眼泪夺眶而出"。三毛还写道:"等你这句话,等了一生一世,只等你——我的父亲,亲口说出来,肯定了我在这个家庭里一辈子消除不掉的自卑和心虚。"为什么总有那么多的孩子等不到父母的认可与欣赏呢?根本在于父母用成人的尺度去丈量孩子的生活,衡量孩子的进步,看不到孩子的每一步的前进。其实,美丑、好坏、优劣、是非都是比较而存在,用神的标准测量凡人,用成人的标准衡量孩子,赏识就会失去原来的价值。

本案例中的孩子与其说是在单亲家庭长大,不如说比无父无母更为现实,一直以来他就生活在同龄孩子的嘲笑当中,他产生了倔强的一面,也有更加阴暗的个性心理,导致他会与孩子们产生矛盾,加之继父的介入,新环境的不熟悉、不宽容,总会给他的生活造成一些难以磨灭的痕迹,这一系列的变化,父母并没有给予鼓励,孩子仿佛始终处在自生自灭的过程。因为一堂课,孩子的兴趣会得到大大提高,激励了孩子往好的方向发展,这种赏识使孩子摆脱那种

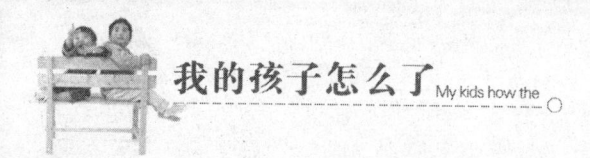

自卑，取而代之的是孩子认为他是受欢迎的，是有优点的，并且也取得了一定的成绩。这么说来，孩子是希望被人肯定的，被人表扬才会发挥他的潜能，校正了他迷失的方向。相反，这个时候，家庭是处于缺位状态，甚至在孩子有了困惑与问题时，他想到的也只是表哥的那些朋友，这种状况蔓延下去的后果也就是孩子必然走向堕落。

针对孩子缺少赏识与鼓励，建议家庭：

1. 主动发现孩子的变化。孩子的成长速度是惊人的，说他们每一分钟有变化也许并不夸张。出于对新事物的好奇，或对新问题的迷惑，他们对周围每一件事都有自己敏锐的观察力并能够快速记录下来，如同海绵，不管是有用的还是没用的、好的还是坏的都会吸纳进来，只要是水，不管是否混浊。如果家长不及时发现孩子的变化，孩子的问题就会越积越多。因此，以发展的眼光来看孩子也是十分必要的，避免孩子走错路。

2. 发挥家庭主导作用。每个孩子都需要得到赞美，而性格内向、孤僻、自卑的孩子更需要这种肯定，但他们又最容易被忽略，面对这样的孩子，不是单方面"孤军作战"的力量可以解决的，要努力使家庭全部成员共同产生这样的认识，创造群体情境，发挥"群策群力"的作用，尽量创造一些群体活动，才能达到事半功倍的效果，唤起孩子的自信心。家长尽量要让孩子赏识自己与他人，发挥出更大的潜能。

3. 充分利用好赏识这门艺术。对孩子的鼓励并不是改变孩子的现实，只是改变孩子的心理感觉，掌握好尺度，要以实事求是的态度来分析孩子发生的一切，不可千篇一律，滥用表扬。如果

一味地表扬满足孩子或让孩子老是期待家长的表扬，最后可能导致"依赖症"，这个肯定的过程主要是要让孩子明确具体的目标，以期在不断进步当中迈向更高的目标，从而达到教育孩子的目的。

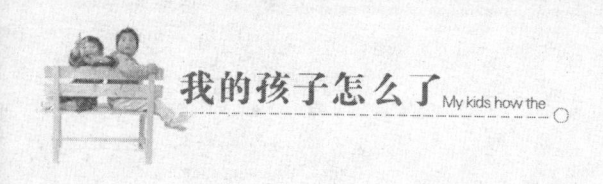

06 一个人的错误成长

采写手记

看着他瘦弱的脸，我不能肯定他的憔悴不堪是营养不良还是心理负担过重。我试图询问一下原因，他说就算到了深夜他都睡不着，是担忧，也是恐惧。以前的无拘无束他没想过后果，现在，他却对自己的未来忧心忡忡。家里，没有人对他说过什么，他也没听过什么，家成了他遥远的记忆。那儿没有他想要的温情，也没有他希望的温暖，更没有他寄托的温馨。他不知道自己的这种灰色心理还会延续多久，更不知道自己最后的出路在什么地方，但是，他说："走到这一步，不想再听自己哭泣。"这似乎就是一个很好的答案，但这答案需要的仍然是家庭给予关爱，助他成长，毕竟，他还是一个孩子！

个人资料

采写对象：小熊（化名）

罪错性质：盗窃

年　　龄：15岁

文化程度：小学

爱　　好：打羽毛球

家庭情况：父亲去世，母亲外嫁，跟随爷爷生活，还有一个妹妹，生活窘迫。

案件追踪

前科：曾因盗窃被拘留7天。

某月下旬，小熊在澧县等地采取扭锁、撬窗入室等手段盗窃4起，盗得现金1500余元和烟、酒等物品，总价值2482元。

成长记录

失落的童年

我的童年是孤单的，也是不快乐的。自小父亲常年在外工作，母亲只知道天天打牌，很少照顾我。我上学后更是没人管教，所以我上学基本上也是三天打鱼两天晒网。因为时常逃学，跟着学校周围大一点的孩子玩耍，学他们抽烟、赌博，所以导致我现在的结果。这个过程我有切肤之痛，从小养成的惰性我也感受得非常深刻。

家里还有个妹妹，只比我小一岁多，这是我放学后唯一可以一起玩的伙伴，因为家里除了她，就只有我，我的印象里就我们两兄妹在一起的时间多一些。

我的孩子怎么了 My kids how the

我从五岁开始上学,一二年级时成绩都相当好,每门能拿90多分。等我读到三年级,父亲因工作出现意外而去世。在父亲去世不久,母亲就跟别人走了,这件事对我的打击特别大。我记得很清楚,我当时不明白母亲竟然会离开我们,将我们留给年迈的爷爷。爷爷年纪大又无力管束我们,加之我的自制能力差,学习成绩每况愈下,不到一年,我的成绩一落千丈,从班上前几名跌到倒数几名,这种难堪的状况使我受挫感特别强,无心读书,对学习越来越烦躁了。由于这种原因,我的情绪也变得越来越不稳定,在学校里我上课睡觉,下课就吵闹,经常被老师叫到办公室批评,放学后也是和社会上的一些朋友游手好闲。有十几天的时间,我假装去上学,却是在学校周边游荡。同学上课的时候我就躲藏在学校后的山上,我居然能耐得白天一个人的寂寞,放学后再和他们一起上网、赌博。那时候我还小,才七八岁,但我显得相当老到,什么东西一学就会,而且能了如指掌。我好不容易熬到初中,但全无读书的心情,看见书就头痛,实在不想读书了,放学后我就找同学去别人家偷东西吃,我以为那样很有乐趣,所以经常找同学这样玩来玩去,有时候玩到很晚很晚才回家,完全打破了饮食起居的习惯,也打破了白天黑夜的时差,我上课就睡觉,晚上就疯玩。因为这样,我几乎天天被老师批评,老师苦口婆心,而我从未认真听过,每次都是油盐不进,天天令老师发火,后来老师干脆用教鞭来解决问题,让我们知道上课睡觉的后果,打得我有点畏惧,但我总是无动于衷,思想从没有改变过,行为从来没有收敛过,有时候玩到早上才回家。

反复的出走

玩了一个多月,我觉得这样不是很好玩了,于是几个人商量去

远一点的地方玩。我们对家里谎称学校要交钱购辅导书，每人向家里要了几百元后，我们走了一整夜路后，搭车去了县城。县城里很多新鲜事物吸引住了我，但最感兴趣的是有各种各样的地方玩，我们不约而同地大呼："外面的世界很精彩。"在县城里，我们没日没夜地玩游戏，几百元钱哪经得起我们这样折腾，不出几天就身无分文了，我们没得吃，没得玩，所以我们就去偷，先只是偷点吃的，后来就跑到别人家里偷手机、偷钱，反正只要是好吃的，或能换钱的就偷，我们就这样晕晕沉沉地混日子，那种摆脱学校束缚的感受真是爽极了。

　　那几天里，学校和家里到处在找我们，我们在大街上走时被我们的班主任发现了。他把我们带到学校后打电话给家人，叫家人接我们一个个回去，并且叫我们都休息一个星期，在家好好接受父母的教育，自己好好反省再来学校上课。我在家里也没人对我说什么，我想找人说话也找不到，我在家就是看电视、玩游戏，天天是这样，我都感到自己是无比的孤独，时间过得漫长而无聊。一周好不容易过去了，我开始去学校上课，但家里不给我钱了，家人说是老师交代不要再给我们钱了。我心里想：不给就不给，我会有办法。第二天我和几个同学去偷学校商店里的东西，在我们正要拿走十几瓶旺仔牛奶时，被老师当场捉住，我们被老师打了一顿，我们觉得在学校再也待不下去了，一是老师不欢迎我们了，二是同学也会笑话我们的。特别是老师打了我们之后并丢下一句话："明天再找你们。"我们害怕第二天再受处罚，第二天中午休息的时候我们就往学校外跑，没跑多远就被老师发现并捉了回去，老师喊来了家长，将我们开除了。

我的孩子怎么了 My kids how the

🔍 伤痛的流浪

被开除了,我在家里闲得无聊就找社会上的朋友,天天跟他们玩,不知不觉玩了几十天,叔叔将我带到一个工厂做事,当时我才14岁,哪受得了做事的辛苦,心里那个痛苦真是无法言说,但我走到这一步也没有办法。我做事的地方离社会上朋友玩的地方近,我经常到他们那里玩,我跟他们说:"事情太苦,我吃不消。"他们对我也很同情,等我发了第一个月工资,我和他们一起坐长途车去了广州那边,当时也不知道去干什么,离开时我也并不想告诉叔叔,所以我就这样不声不响地走了。我们对广州一点都不熟悉,所以哪儿都不敢去玩,只在晚上去逛街。因为那边身份证、暂住证查得紧,我们什么都没有,过着东躲西藏的日子,这样过了几天实在没味。我和朋友回到了家乡,天天住宾馆、吃宾馆,这种日子好不惬意,那真是神仙化的日子。没钱了，朋友们就请我们去打架，去一次一千元，没钱就只好去打架，我们在那里天天打架，也没几个人敢惹我们，我们成了那一带的小混混，因为犯事多，我们三天两头进派出所，派出所简直成了"家"，那里的警察都认识我们了。记得有一次打得很凶，对方仗着人多势众，与我们几个打斗，我一刀捅去，将对方一个人屁股捅得鲜血直流，然后我们大笑着逃跑了，这次之后，使我在朋友中说话做事更加有底气。

我们总是白天睡，晚上玩，这是从上学就有了的习惯，所以我们一般晚上都是玩。有一天，我的母亲找到我，叫我去她那儿，那样她就方便照顾我，我没好气地说："我不想去。"母亲也很无奈地摇摇头走了。母亲外嫁到离我家不远，坐车一个小时就到了，但我对她没有什么好印象了，而且父亲死后她嫁了人，我对她更没好印象，我认为她从来没有真正关心过我，现在她是没事找事，她的一切也与我无关，我被她弄成了一个无父无母般的孤儿。

我真的恨死我的亲人，我决定不会跟我的母亲一起生活，还是一个人过，既自由又潇洒。没事的时候，我主要是去上网，没钱了就去偷，每次我对自己说，这是最后一次了，但每次用完了钱又重蹈覆辙。我见什么就偷什么，只要是值钱的就换了钱，该买的买，该吃的吃，该玩的玩，天天吃喝玩乐，也不考虑自己的以后。我从来就没有回过家，每天就和几个朋友在外面，偶尔回家睡一晚，也是第二天就出去了。我们几个人觉得只要遵循讲义气、守信用就会混得很好，除了偷盗、打架，我们就是在网上泡女孩子，我的QQ好友全是女孩子，每天总有那么多话可以跟她们说，我认为那段时间是快乐的日子，让我现在都忘不了。最后，我却会走上违法犯罪这条道路，我认为不是因为我喜欢上网，也不是因为我没学好，而

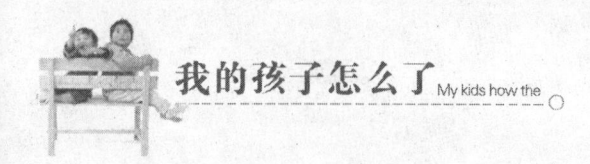

是因为我的家庭，很多事情就不必过多言说了。

心灵启航

找一盏指路的明灯

　　面对小孩玩的游戏，大人们往往会不以为然，其实在大人也是小孩的时候，一定也有自己感兴趣或专注的事情，但是，在成长过程中，我们忘了，我们忘得一干二净，忘了一无所有。一个孩子的错误，我们往往归结这样那样的原因，寻找各种各样的理由，事实上，一个孤立无助的孩子，发生了事情第一个反应就是找他们的父母，而这时候，父母在哪里？他找得到吗？生活中，父母不可能成为孩子百分之百的依靠，因为要培养他们的独立，因为要锻炼他们的独处，但是，我们也不能保证所有的问题都是他们自己解决，面对他们不能解决的疑虑，谁来解开他们心中的死结？谁来拨开他们心中的迷雾？谁能与他们深切交谈？

　　本案例中的孩子，母亲在与不在身边都是一个样，得不到母亲的爱与关怀，那么，这个家也就成了孩子心中的空壳，何况，父亲的去世，这样的变故也会毫不留情地袭击孩子，使他弱小的心灵受到更大的打击。坚强的成人都未必能接受得了，一个孩子的不堪一击更是情有可原。所以，这个孩子不能幸免，因为他也是孩子。孩子遭受了丧父之痛，然后又得不到母亲的关怀，这样的一种经历，孩子会有自己的迷失，不是他想迷失，他在自觉或不自觉中沉沦，我们不要误认为这是孩子的堕落，不应该指责为他自身的责任，是环境逼他，他的空间越来越窄。因为他不知道怎样才能让自己释放心中的那些不快与郁闷，更不知道怎样融入面临环境的不适与担心，这时候，家庭还熟视无睹或者淡然处之，事情就会变得越来越复杂，就会与当初的希望背道而驰、南辕北辙。

针对这种处于游离状态的孩子，建议家庭：

1. 正视孩子所处的生活状态。心情都会有高潮或低谷时期，在孩子茫然或无所适从，大人应该是弯下腰，伸出手，站在与他相同的高度，拉他们一把，而不是无人发觉或者是坐视不管任由其发展。"人之初，性本善……"每个孩子的好与坏都是一个培养的过程，当这个过程出现"中空"，那么孩子在中间自然会有很多方向游离，有些游离的方向不会走得太远，而有些方向的游离就成了毁灭他一辈子的根源。

2. 理解孩子缺乏自控力。孩子的成长，没有人导航，也没人给他们指引，他们只是"跟着感觉走"，这无异于给他们一个自生自灭的环境。孩子起初一定以为那就是给自己的自由，可能不会发现这样下去会导致什么后果，久而久之，一些预想不到的后果可能就会接踵而来，当这些后果来了的时候他们就束手无策了。如果家庭对于孩子而言，是个名存实亡的概念，也就导致了他的我行我素。在孩子成长的这个过程中，当然需要家庭的管束，你想想一个人的烟瘾就知道，想彻底戒掉有多难，那么，孩子喜欢去尝试他的生活方式这有什么大惊小怪？这不是他不能很好地自控，更重要的是他不能明辨是非，没有人教他怎样去明辨。

3. 不能忽视孩子的错误。学校发现了孩子们的过错，如果交给

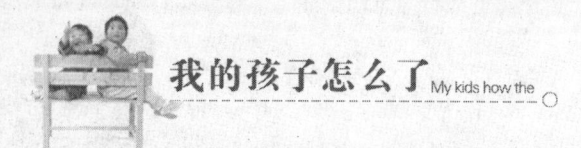

家庭，家庭要履行好责任。孩子出错了原本不是什么大不了的事情，可是当这些错误不能让孩子明白其中的道理时，也就会有下一桩错误的发生。孩子出现了问题，也希望有人来给他讲讲话，谈谈心，可是，一旦这样的家庭成员没有出现。孩子的眼中，自己成了一个可有可无的人，成了一个极尽可怜的人，会让他更加失望。其实，这个时候，家人更不要忽视他，更应该知道他需要一个家庭，需要家人给他鼓起生活的勇气。

4. 孩子的生活过程就是一个潜移默化的过程。心理学研究表明，孩子是以家庭为中心而根植于其中，他的语言、概念、思维方式、行为习惯等，最初都是在父母的互动中，一点一滴汇集而成。如果没有家庭起着影响，孩子会向外延伸寻找他们心灵的慰藉，那些慰藉一旦支撑不住，坍塌下来，受伤的还是孩子。其实，每一个孩子都心存善良，向往美好，在他们的视野里，盼望的不是很殷实的家庭，而是希望有父母与自己一路艰苦同行，或者只是需要家长有时间的时候陪他们玩一会儿，没时间的时候也可能看见他们操劳的背影。大人们身处其中，千万不要漫不经心，还笑他们什么都不懂，要知道孩子的心灵就是一面镜子，可以折射家人的一切。

第二辑
迷恋的陷阱

透过窗棂
打量阳光俯视的角度
我看见光明和黑暗的边缘
就是一道光线
斜插在墙角与墙角的距离

趴在窗口
那群孩子是一串熟透的葡萄
他们嬉笑的声音
像一根藤蔓
沿着我的墙壁攀援

关上窗户
我以孤独的方式出门
你说过带我远行
我是瘾君子
你的承诺是我致命的诱惑

走进了陌生的城堡
眼睛盛装了一种传说
在我想转身的时候
荆棘遍地的丛林
我找不到回家的路

07　沉迷游戏的代价

采写手记

坐在我的面前，他完全没有一点羞愧与不安，淡定自然地述说起他的过去和现在，对未来却避而不谈。而未来与希望，对于一个孩子而言，却是最重要、最不可或缺的部分。他的表情如此平静自然，言语也是那样地漫不经心，甚至流露出一点点天真无邪的自豪，仿佛一切与己无关。当他谈及被监管时的生活，他显得无比亲近，尤其对被监管人员的依赖、信任，这些抑或是他心灵的迷失，又或者是他法律意识的淡薄，至今使他仍然深陷其中、心智未启。但可以看得出，他和所有孩子一样，有着聪明纯真的天性，有着争强好胜的个性。可是，最要强的孩子，必须去走一条正确的成长道路，必须有人引导其健康成长。

个人资料

采访对象：小易（化名）

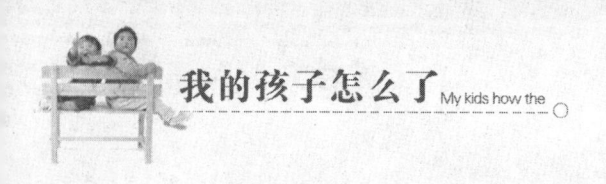

年　　龄：16 岁

罪错性质：盗窃

文化程度：初中

爱　　好：上网

家庭情况：父母上班，家庭经济条件一般，与父母关系紧张。

案件追踪

某日，小易和"猴子"、小蔡商量，由小蔡望风，小易和"猴子"翻入长沙市某厂房内盗得铁锭 60 多公斤，价值 200 多元，小易在逃离现场时被抓获。

成长记录

电游使我成了失魂般的幽灵

我一直就是个比较内向的孩子，在读小学的时候，我从来不喜欢主动和别人交往，更别说交朋友了，所以，我小时候没有什么朋友，总觉得内心世界缺少一点什么似的。记得在读一年级的时候，一天放学后，几个同学突然围住我，问我是不是觉得没味儿，哥们儿几个一起去爽爽，还问我身上带钱没有。我很心动，正好身上有几十块钱，我便随口就答应了他们。他们几个带我来到了一间地下室，刚进门，就听见里面噼里啪啦的响声，我觉得这种环境不适合我，刚准备回头就走，突然一个同学拉住我，对我说，"既然来了就先看看再说嘛，我们也是第一次来这种地方，听说这几个机器很好玩，不如我们一起玩一盘再走吧！"我看见里面挤得黑压压的人头，吵闹声、叫骂声、碰撞声此起彼伏。我有点受不住，拔腿就跑，他们也没能叫住我。

　　回到家里后，我心里莫名地烦躁，也没跟家里人谈起这件事情，直到12点多才睡着。在随后的几天里，不知道怎么了，我没一点心思上课，一心想着那间地下室游戏机里的打斗声，因为我思想开小差，几次都是老师大喊着使我回过神来，并被狠狠地骂了几次。有一次，老师还把我爸爸叫到了学校里，说我上课不专心、不认真，总是胡思乱想、心烦意乱，需要我父亲找我好好谈谈。我站在门口听着他们的谈话，眼泪就出来了，当时心就急得不得了，希望时间慢些，不要那么快放学，不然我不好向父亲交代。可越是这么想越是不如人愿，没多久就听见下课铃的响声。放学了，我心里更是急得如网上来的鱼，一顿乱跳着。刚出校门口，我看到了上次叫我一起去地下游戏室的几个同学，他们好像又要去打电游，我随口叫住他们，便跟他们一起来到了那间地下电游室。我掏钱买了游戏币，找了个地方就玩了起来，玩着玩着觉得很顺手，心里想这玩意儿还真跟我有缘啊。玩了约半个小时，他们问我一起回家不，我想：回去了也肯定要挨爸爸的骂，还不如迟点回家，于是，我说："你们先走，我打完这个币就走。"他们叫我不要玩得太晚，免得家里人担心，我"哦"了一声就继续玩我的电游了，不知不觉，我一玩就没回过神，低头一看表，晚上10点多了。这时，我傻了眼，赶紧拿起书包往家跑。到家门口我看见家里灯都熄了。我小心翼翼地推开门，进了房间，灯突然亮了。爸爸拿着一根竹条站在我身后，我心一凉，吓傻了，还没等我有反应，爸爸手里的竹条就拼命地打来了，痛得我哇哇地乱叫，并且还跪在地上求他说："下次不敢了。"打完之后，

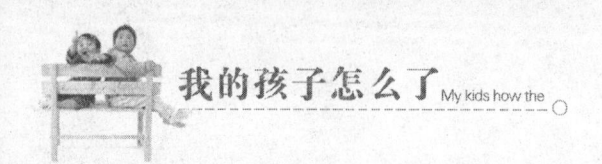

爸爸命令我写一份检讨书明天交给他，然后他喘着粗气走出了我的卧室。睡觉的时候，妈妈也来了，她抱着我哭了起来，我当时说不出自己的感觉，只觉得好痛好痛，不知是被打痛了还是自己心痛。

但是我并没有被爸爸打怕，也没有按检讨书上写的去做，相反，我又到游戏室去了几次，玩过之后我对打电子游戏上了瘾，导致我玩得忘乎所以，于是经常迟到，有时还旷课，学习成绩一落千丈，尽管老师经常喊家长来学校，但我变得无所谓，每次放学后心里想的就是打电游，而且打到很晚，准备回家的时候就害怕爸爸再打我，所以心里暗自下决心不玩了，但每次都不能控制自己，不由自主地走向游戏室，我连续几次打电游回家后都被爸爸打得在地上滚来滚去，保证书也不知写了多少，但我一点也不知道悔改。就这样，我变得越来越疯了，没钱玩电游了，我就打开衣柜去偷爸爸的钱，刚刚开始偷还没发现，后来爸爸发现钱总是不对数就留意到我了。有一天晚上看完电视，我假装去睡觉，到了12点以后，我悄悄从床上爬起来，像一个夜晚的幽灵，我轻轻拉开衣柜去找钱，被爸爸抓了个正着，当时我就吓得跪在地上说："下次不敢了……"我一连说了几遍，哪知道爸爸顺手从地上拿起竹条，打得我皮开肉绽，痛苦不堪，实在受不了了，我想跑出去再也不回来了。

网游将我带到了奇幻的世界

升入初中，同学大都分开了，只有几个同学分到同一班级。进了新学校、新班级，大部分的人还很陌生，第一堂课班主任就让大家相互认识，第一天放学后，有个同学说："今天第一天认识大家，希望大家能给我个面子，请大家上网。"大家异口同声都说好，我当时就被这个场面给震住了，我问："什么是上网啊？"当时大家都笑我真是个没见过世面的小子，我在一片嘲笑声中和他们走进了网吧，我坐在一台电脑前问同学怎么玩啊，一个同学教我创建了一个账号并叫我记住，方便下次再玩，不到5分钟，一个人物就出现在电脑里。后来我了解到这款游戏叫传奇，人物是一个法师。我首先是1级，经过同学的耐心教导，我慢慢地进入了菜鸟级别的人物，同学带我升级，不一会儿就升到了10级，他叫我去买本书《火球术》，我买了后，把书调到了F1，然后轻轻按了一下F1，一个火球就飞出去了，当时我就再去买了点药。同学给了70000块游戏币给我，所以我不缺钱，我跟着同学们跑到了幻境，因为这里经验高，经过2个小时的练级，我由10级一下子到了15级。我看了下表，不好了，6点了，得快回去，不然我爸爸肯定得打死我，就这样我们回家了。后来玩过几次，觉得玩电脑可以使人进入一种奇幻的世界，渐渐地我就沉醉在这里面了，但是玩这个游戏的点卡很贵，我又很想玩，刚开始我还骗爸爸要交这个钱那些个费，可经过家长座谈会后，爸爸知道我骗了他，气得火冒三丈，回到家里叫我跪在搓衣板上好好反省，叫我说说这几年都在外面干了些什么。跪了一个多小时后，我跑进屋里把我迷上电游、电脑的经过一五一十地说了，爸爸听了叹了一口气，对我说，"我不是不让你玩，只是玩归玩，你要记得时间，每次等你等到饭菜都凉了，你知道吗？"听完这段话，当时不知道怎么的我眼泪就往下掉，抱着爸爸哭了。

沉迷为我挖掘了深深的陷阱

　　通过父亲的教育，我认识到了许多，但没过几天，我问爸爸要钱买早餐吃，爸爸叫我在家吃，坚决不给我钱，我憋了一肚子气冲了出去。天还不是很亮，雾好大，我骑自行车特别小心，突然看见一个人影从我前面经过，看着他手里的袋子里装得鼓鼓的，我不解地问他干什么去，他说拿了废品去卖钱，叫我搭他一下，得的钱一人一半，我认定他是贼，他不置可否地"嗯"了一声，但我并没有提防，想也没想就与他一拍即合。我知道他叫"猴子"，他带我来到了一个工厂，叫我爬进去，把十来斤的铁一块一块地往围墙外扔，然后用袋子装，我们一袋一袋地装上车慢慢地运到了废品店，我分了200多块钱，互相留了网号就走了。我心里有种说不出来的感觉，原来钱这么容易到手了啊，也暗想这钱应该也够我玩几天。

我偷铁锭换来的钱全部投放在传奇这个游戏里，一段时间里，一下子就到了38级了，我玩的这个区是新区，最高级别的也只有42级，我决心拼命升级，一些同学见我升级快就问我："哪来的这么多的精神去练级啊，看你的学习成绩越来越差，原来如此啊，你把心思都投放都游戏里去了，我们真的很佩服你，将来你一定在这区混得很拽。"我心里喜滋滋的，我会有这么一天的。

初一的期末考试就快到了，有些同学叫我好好复习功课，免得考得很差，到时回家肯定得挨爸爸妈妈的骂，我听了全不在意，说"知道了"，心里却想着怎么弄到钱，突然一个念头出现在我面前，那就是和"猴子"联系。快放假了，该到大搞一次的时候了，放学后，我就钻进网吧等"猴子"上QQ。我准备打字过去时，"猴子"的头像就闪呀闪的，打开来一看，内容是：上线了呀！最近过得怎么样，快放假了，我想和你搞一次大的，不知道你的意思怎样？我暗自高兴地回了话说，你跟我不谋而合，想到一块儿去了，我也是想到快放假，也很想搞一笔，不然放假就没得玩了。说时迟，那就快，就在我发信息时，那边的信息同时发过来了，不如就约在考试的那天晚上12点，怎么样？老地方啊。我看了就发：好啊，不见

不散！

　　到了考试的那一天，同学问我温习得怎么样，我知道自己无心复习就含糊其辞。回到了座位上，考试铃响了，我看了看考卷，傻了眼，好多地方都不懂，就推了推前面的女同学，说："你知道怎么做吗？告诉我一下。"她理都没理我，就这样我一个字没写，傻里傻气地发愣，考试时间过去一半了，突然一个纸条飞了过来，我回过神，看了看是答案。扔纸条的是小蔡，不愧是一起长大的好兄弟，这样关照我，我就稀里哗啦写了5分钟，很快把答案全抄了下来，一身轻快走出了考场，下课后，我走到小蔡面前说了声"谢谢"，然后说："很久没有理你了，对不起哦，我知道你是一心一意想读书的，但我不是读书的材料，只适合在社会上混，我不想把你带坏，希望你能谅解我。"他拍了拍我的肩膀，说我从小就是一个讲义气的人，单凭这点他就认定我这个兄弟，于是，我们的友情又升温了。我说："今天晚上12点你来我家，记得轻轻地叫我，晚上带你去玩，反正明天放假。"小蔡"哦"了一声。还只到晚上11点，小蔡果真就来了，我们一起去跟"猴子"会合，谁知，"猴子"早已经等在约好的地方。我相互介绍了他们就马上动手了，这次轮到我和"猴子"进去，小蔡放风，还是老样子，我们把铁一块一块地往墙外扔，就在这时候，围墙的灯全开了，一下子围上十几个人，我拼命地跑，但那些人是分开来抓我的，我看了看小蔡跑了，再望了望正在工厂里的"猴子"，他们都跑远了，我被抓进了派出所。警察叔叔问我一些如何作案的情节，是不是有同案之类的问题，足足问了一个晚上。早上，我爸爸来了，我心里暗想肯定是那些该死的警察到我家去了。我一见到爸爸就掉眼泪，警察简单地问了爸爸几句话后，爸爸垂头丧气地走了，接着，警察叔叔将我带到了拘留所。在拘留所里，我

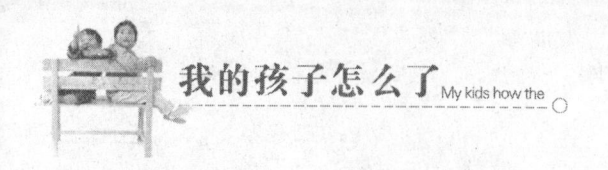

没有学好，反而拜了几个"师傅"，他们教我学习盗窃的"技艺"。

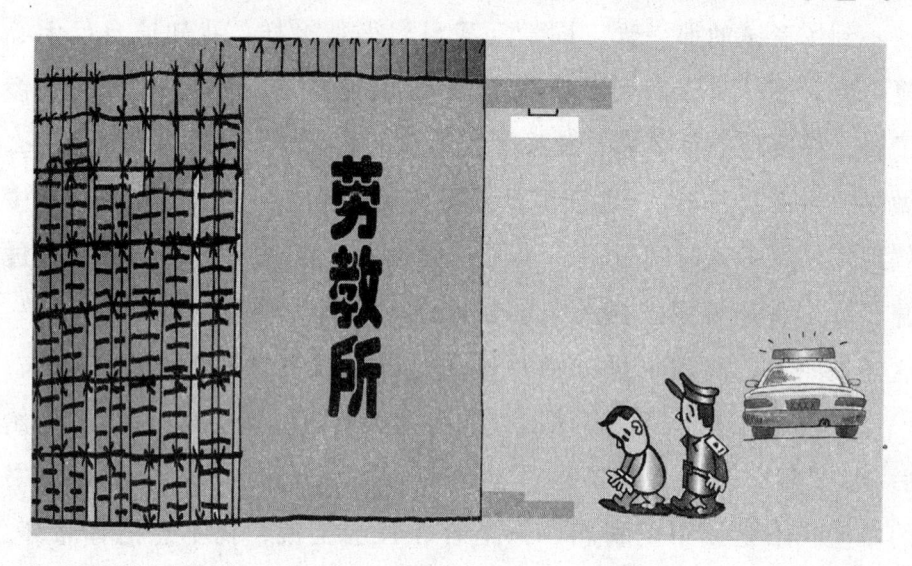

辛苦劳动使我认识了自我

由于年纪轻，我以为警察不会处理我，带着这种幻想我却来到了一个新的环境，那就是某劳教所，警察会不时找我们谈话进行教育，大道理听不进去，但只好硬着头皮听，要是上学我会一走了之，现在却由不得自己了。我们也要被组织去装订车间劳动，看见里面的人拿个竹片做刮子，把纸折来折去，我心里想做这个我肯定做得很快，可哪知道并不是那么回事，我第一天才刮了700张，人家刮了3500张，半天就收工了，一个人走过来说我动作快，其他人来了半年也只刮得3500张，早就被人称做"电打鬼"。我暗自想在一个月里也要完成每天3500张的任务，时间如流水一般地过着，一下就一个多月了，我终于能刮到3500张了，而且还经常超产，我的任务由每天3500张变成了4000张。刚刚满两个月的时候，我们刮夹班举行了一场刮夹比赛。经过了一天的比赛，我拿到了第一名，共刮了 4800 张，当时我被称为"神刮"。我心里好高兴，终于知道自己是这样的好强，而且也是这样的积极进取。次日，我又被转到了排夹班，听说排夹班很辛苦，我可受不了，可没办法，既来之则安之吧。刚学的几天真的受不了，就连晚上爬上床的力气都没，有一次还摔了下来，过了半个月，我的手渐渐不痛了，排夹也很快了，基本每天都能按时完成任务，可看看其他人做得很快，所以我狠下心来，决定我一定要超过他们，我也经常偷偷看他们怎么排的。我来某劳教所快 4 个月了，我觉得我做什么都很容易上手，一切都像平常一样正常，就这样，我的第一次监所生活就这样日复一日。我在劳动中真切感受到付出才有回报，认识到自己只有根本改变才不至于重蹈覆辙。

心灵启航

培养和谐的亲子感情

上网成瘾的孩子都容易面对这个问题：他知道要怎样选择，但就是控制不了自己！生活中的孩子，有时候一接触电脑就情不自禁。家长总是喜欢将这些问题归结到孩子身上，说孩子管不了、不服管，稍加反对孩子就与你针锋相对。其实导致这些问题的出现，家长是"罪魁祸首"，这话听起来可笑，但反过来一想，家长又是如何去做的呢？孩子在成长中向往更广阔的世界，要对这个多元的社会做出正确的判断需要家人的帮助，更需要一个成熟的男性作为引导者，

我的孩子怎么了

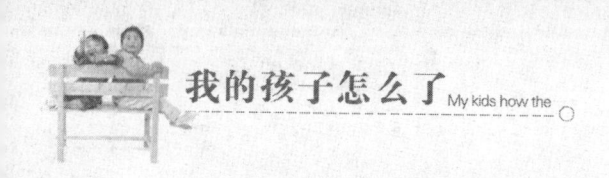

这个责任首当其冲是父亲扮演着角色，引航错了，所有的行程将是徒劳。

本案例中的孩子迷恋着电游、上网，最后走上违法犯罪的道路。也许，社会的诱惑只是其中的一个因素，从中，我们看到的还有家庭的粗暴，家庭简单的处事方式。父亲不懂得孩子的心理，不懂得孩子的兴趣，不懂得孩子最需要什么。孩子进入电游室，那里嘈杂、混乱的环境，在他们幼小的心里产生莫名的烦躁，但他们没法和家人谈及，没法让自己了解这个纷繁复杂的社会，没法解决那些迷茫的事情。成长的过程中，孩子会做错事，也许不是一件，也许还有些类同，但这些事情往往又让家人气恼，于是，家人在找不到好的方式时，只有采用原始的方式，对他们一顿暴打来发泄气愤。在孩子的心里，你打一顿，他们就受一次伤害，他们就会对亲情产生一种存心的抵抗，与你耗着，与你较量，他们看到你心烦会认为是自己的取胜，从而形成紧张关系的家庭。

针对这种网瘾严重的孩子，要加强亲子间的互动，建议家庭：

1. 保持和谐的亲子关系。无论哪个阶段的孩子，亲情很重要，和谐亲子关系更重要，家人不只是在孩子出问题的时候才出现，家长理应成为那个家庭领导地位的角色。平时，家人应该抽空陪孩子、亲近他、拥抱他；和他打闹、给他讲故事、唱歌，一起活动，逗他，使他开心，与他融洽，但不要给他压力；还可以和孩子一起散步、做游戏甚至谈心，把知道的一切慢慢传授给他，让他从中懂得道理，吸取知识。让孩子感受家庭成员之间是平等的，保持好的交流通道。处理问题时，家人一定要保持平和的心态，认真对待。如果一味地实施暴力，孩子会认为家人对他不重视、不关注、不关心，他们受伤的心会比肉体挨打更痛，从而导致亲子感情链条一节一节地脱落。

2. 找出孩子的问题，对症下药。 孩子之所以会迷上电子游戏或网络，都是出于自身的心理需要，家长教育孩子充分认识网络的利弊，一味地拒绝上网是不可取的，完全放任不管也是不行的，如果孩子因为缺少社会交往，可以鼓励孩子参加有意义的集体活动，通过多种多样的活动增加同伴交往，获得更多的朋友。也可以转移孩子的兴趣满足孩子的心理需求。

3. 多给孩子鼓励与赏识。 孩子都有他们可爱的一面，也都有他们优秀的一面，家长不要苛求他完美，但要要求孩子不断完善，更要表扬他们的优点，放大他们的闪光点，优秀的孩子是激励出来的，是培养出来的，我们不是说：没有不好的孩子，只有失败的教育。家庭教育是孩子的启蒙教育，孩子渴望被人承认，希望被人肯定，这样才能激起他们更大的生活热情。

4. 让孩子学会自我生活。 随着年龄的增长，孩子普遍开始了男人的转变，喜好冒险，容易焦虑，喜怒无常，这并不是说他们变坏了，只是他们发生了很大的变化，他们想拥有全新和独立的自我。每个孩子的成长中都会有相似的遭遇，父母要懂得如何引导孩子，要让他们对荣誉和英雄行为有正确的认识。每个人的一生必然充满斗争，他们需要自己扫除道路的疑惑，需要开始新的征程，迎新的挑战，从而学会生活。

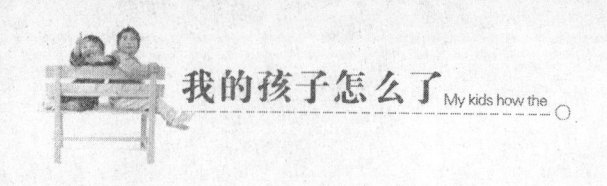

08　游戏机手柄引起的血案

采写手记

　　看着这个孩子从警车上走下来，一脸的平静。我一直不想面对这样的孩子，不想进一步地来渲染他的暴力行为，因为更多的孩子不必去了解全部，尽量杜绝模仿的可能，只需要从反面的角度来审视、思考，防止自己走向这一步。他极少说话，始终很简单地用"是"或"不是"来回答我的问话。后来，他信任了我，讲了他在家里的生活，也讲了整个事情的来龙去脉，他不是毫无防备，只是在肯定我不会进一步地伤害他时，他才话多起来。我也保证，我为的只是让更多的孩子健康成长，不要失误或者其他原因而使自己走向犯罪的深渊。最后，他说："父母如果能够这样来关心孩子的心理就好了。"

个人资料

采 写 者：小马（化名）

年　　龄：12岁
罪错性质：故意杀人
文化程度：小学
爱　　好：玩游戏
家庭情况：父母在家务农，与父母关系一般。

案件追踪

某日，小马的游戏机手柄借给同学小斌损坏后被，索赔一个月后未果，小马见索赔无望后，逐渐产生报复心理，在暑假前一天对小斌实施扇耳光、勒脖子等暴力手段，导致小斌死亡，随后，小马逃离现场。

成长记录

平淡：农村孩子的生活

我出生在一个普通的农村家庭，现在本来应该坐在宽阔的教室里读书，甚至还可以在大人的怀抱里撒娇，可是，因为我犯了一个大错，结束了他人的生命，使我接受了法律的惩罚。

在普通的家庭里，我也是个平凡的孩子，我从上学起，成绩不好也不是太差，生活中我也没有对什么事情有特别深的印象，只感觉那是一些很正常的日子，每天周而复始地上学、放学、玩耍。我们村有几个同学常在一起玩，有比我大的，也有比我小的，那时候都是一块儿去学校。学校就在村子里，离家只有一二公里的样子，

每学期开学，我的父亲总要跟我去交学费，其他时候就很少去学校了，我在学校一般很少与人争执。总之，我就是那样平平淡淡，也没想过自己一定要引人注意，而且，平时父母对我的要求也不是很苛刻，农村家庭对孩子都是一样的，他们平时忙于自己的农活，一般只要孩子没有出问题，他们是不会来跟我说什么，大人有大人的事，小孩子就玩小孩子的游戏。当然，我的成绩总是那样平淡无奇，但也会受到家人的唠叨，他们对我说："你看看人家孩子，每年可以保持班上的前一二名，可以拿回奖状，而你呢？"面对家人的这种质问，我当然是默不作声，大人永远是权威的，而且我的成绩的确只是中等水平，我没有理由跟父母狡辩。

纠葛：游戏手柄的索赔

这些对一个孩子的成长是正常的，至少我是这样认为的。可是，我也没想过后来会发生影响我一生的事。这件事是由一个游戏机手柄引起，在我上小学六年级的时候，那年我还不到13岁。我的哥哥给我买了一台游戏机，我高兴得不得了，一有时间就玩，后来甚至我的父母也开始反感，说我完全没心思放在学习上，只知道玩游戏，我也就有所收敛。在村子里，比我小几岁的小斌也有一台一样的游戏机，他和在我一个学校上三年级。他游戏机的手柄坏了，找我借，我借给他时给他限定了归还日期，他满口答应，可是，到了要还我的时候，他却不说话了，我问是什么原因，他支吾了半天，最后告诉我，游戏机手柄玩坏了，我一听就火冒三丈，当时真恨不得扇他几耳光，但我忍住了，只是要他赔。小斌自然感到对不起我，也答应赔我一个新的，可是，我每次去要他赔时，他每次是说明天，他满口答应但就是不见他的行动。我见他赔我一个新的无望时，就说：

"我也不要你赔了,你就赔我 5 元算吧,我自己去买。"这个要求也迟迟不见他的行动。五月的一天,我终于按捺不住气愤的情绪,放学后找到小斌,一把揪住他的衣领说:"如果在 6 月 1 日还不赔的话,在 5 元的基础上每天涨 1 元,并且每天打一个耳光。"小斌当时也没说答应不答应,默默地走了,可是到了 6 月 1 日,小斌仍然没有理会我,我也想不出什么好办法,一直很郁闷。过了几天,我再次找到小斌,小斌又说明天赔,我一听小斌这样说,心里更来气,当时就动手扇了他十几个耳光,并且警告小斌尽快赔,小斌一时泪花四溅。

不久后的一天下午,校园和往常一样宁静,阳光大把大把地洒了下来,我一个人往校门口走,可是,万万没有想到,回家后的小斌将情况一五一十告诉了他的父亲。这时,他的父亲在校园门口拦住我,立即在我脸上抽了一个响亮的耳光,并大吼:"妈的,你

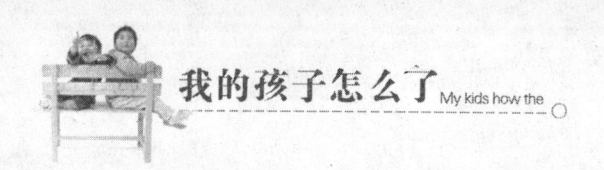

的游戏机就是没有赔。你再这样,看我怎么整你。"说完之后要走时,又回过头在我小腿上踹了一脚,然后瞪了我一眼走了。顿时,我满肚子委屈涌上心头,左想右想都想不通,他们凭什么不赔我游戏机手柄?凭什么我还要挨打?我本已不平静的心里悄悄埋下仇恨的种子:我一定要狠狠地揍他一顿。一个复仇的念头不断在我脑海里闪现。

惨剧:疯狂报复的血案

六月的最后一天,我们举行毕业考试,中途休息时,我径直跑到三年级的教室,喊小斌到学校的围墙边,毫无防备的小斌刚靠近我时,我立即用一根准备好的铁丝死死勒住他的脖子,抽了几个耳光,小斌痛得叫了起来,在操坪做游戏的同学听到喊叫声赶快围拢过来,用力扯开了我。进了教室,我的情绪还是不能平静,根本没心思考试。我想:今天考试完了就放暑假了,暑假之后就没有索赔的机会了,还是应该狠狠揍他一顿。

我一直在思索怎样报复小斌,到上午11点时,我与全班同学照完毕业照后,我大摇大摆将小斌的自行车推到校门口等他,他怯怯地走了过来。胆小怕事的小斌跟着我走到围墙外的小路上,他慢腾腾地跟在后面,紧紧捏着考试用完的塑料书袋,此刻,我想他的噩运要降临了。无论我怎么问他,他始终不说话。

渐行渐远,我和小斌走到学校围墙外的棉花地里,从小斌的嘴里问不出一句话使我更加气愤。足足有一人高的棉花随风起伏,远离了学校,又有棉花苗的遮拦,我再也不担心同学们看见我殴打小斌了,也不担心会有同学来扯架,我一定要让他知道我的厉害。于是,我将自行车一搁,对小斌实施了尼龙绳勒,用手掐他脖子的惨

烈行为。小斌一个劲地往前跑,他想跨过一条小水沟,逃脱我的穷追猛打,他慌乱间跃得太低,跨得太窄,以致跌入了宽不过2米的小水沟里,我也很慌乱,上前按住他的头,掐着他的脖子,膝盖顶着他的大腿,使劲将他的头按在水里,一秒钟,两秒钟……小斌不动弹了我才松了手。

我走上沟堤,心里一片茫然,片刻的紧张之后,我装作若无其事地按燃打火机,将小斌的塑料袋烧掉,看着蓝色的火焰,我诡秘地笑了笑,我还狠狠地对着小斌说了一句:"看你赔不赔?这就是你的下场。"然后我安然地推着自行车走远了。走到一条大沟渠,我将自行车顺势往渠沟里一推,自己扑通着跳入水里和正在那里洗澡的同学玩了一阵,嬉戏了一番。其中一个同学问我:"小斌怎么啦?"我说:"我把他杀了。"几个同学互相议论了一会儿,一个个吓得飞也似的跑了。

对话:孩子背后的真实

事情发生后,我的家人和学校很不相信,他们一直认为我虽然不是个优秀的孩子,但是平时在家里很听话,根本想不到这些事情是我的所作所为,更不会想到我采用了如此残暴的方式。下面是我和一个记者的对话。

问:"你在学校经常打架吗?"

答:"没有,只在六年级的时候打过几次,都是小打小闹。"

问:"你能说说吗?"

答:"记不清了。"

问:"打过之后,家里知道吗?"

答:"不知道。"

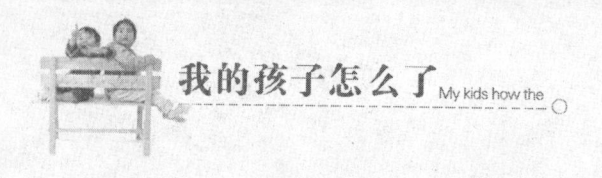

问:"你跟家里人说过吗?"

答:"没有,他们也不问。"

问:"你了解法律知识吗?"

答:"了解一点点,被抓后警察告诉我的。"

说实话,我现在也不想跟别人谈什么,反正我的事情已经出了,我只有听警察的话,他们告诉我很多的知识,还有做人的道理,这些是我在家里和学校没有学到的。我记得,那时候家里不让我玩游戏,我还偷偷跑到别人家里玩,我最初和小斌好上也是这个原因,但我的家里浑然不知我躲藏在别人家玩游戏,这方面,他们应该是忽视了我的,虽然这不是主要原因,但却是一个很重要的因素。

心灵启航

治愈隐形的心理伤迹

有一个故事是这样:有一个老人,他坐在墙角,他的身边有一排架子,架子上挂满了破碎的心。他是一个专门补心的工作者。每个心生来都是完整的。然而在生命的过程中,有些心会受到伤害。这时候,他会走到生命之路,拾起破碎的心,将他修补好。有些心因为横冲直撞,缺了边边角角。他会拿"时间"的泥土,将缺角的地方补起来,再用胶水黏合;有的心,因为争吵怨恨,被撕成两半……经治疗的心虽有疤痕,但可以继续走上生命之路。那么，生活中孩子的心是最容易出"问题"的，有些容易看出来，有些埋藏在心底，只有及时发现和有效地处理他们的心理矛盾，让孩子生活在充满尊重、鼓励的氛围里，他才能健康快乐地成长。

本案例中的孩子，如果不是这件意外的事，没有人会想到这个孩子竟然会如此残暴。孩子的行为受心理影响，不是一天就形成的，心灵总会出现"缺角"或者阴影，需要父母时刻去发现，去治疗，于是，孩子之间的冲突，家长如何处理也就成了关键。在孩子相互间产生了矛盾，家长要找出问题的症结，及时分析，认真梳理，而不是家长帮忙打回去，这样只会产生相互之间的"火拼"，于是就容量导致双方更深的积怨。对案例中的另外一个家庭来说，孩子平时和家人得不到交流，虽然同在一个屋檐下生活，但是家长很难了解对方的心理、想法；孩子是孩子的一个世界，成人是成人的一个空间，孩子的所有问题只能积压在心里。其实，只要平时有了正确的教育，孩子受到责骂、责打的几率会减少，他们也会顺从父母。那些成功家庭的秘诀就是：家长提前教育孩子，训练孩子的习惯！这是家长的权利，也是家长的责任和义务，也只有父母才能真正知道自己孩子的心哪些地方有"缺角"，哪些地方需要"修补"才能完整。孩子平时看起来没什么过分的表现，可不代表他们的心理就没有情绪，没有问题，家长要时刻注意孩子，能够提前治疗隐形的伤迹也就成就了他的一生，反之则容易浪费他的一生。家长要抛弃一个偏见，不要以为孩子天天去学校，一是没时间管教，二是寄希望于学校。孩子确实天天去学校，但是父母才是孩子教育的最终责任人。老师常常会换，父母永远不会换。孩子好奇的很多东西，学校是没办法学到的，家长不教育他们，他们就会被别的人和方式来教

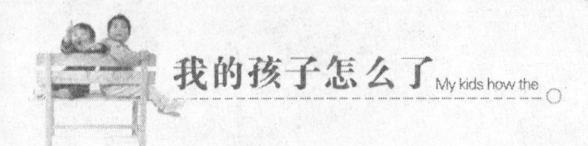

育，家长会放心吗？推脱、逃避、畏难、放任都不是父母的正确做法，只有担当家庭的责任，孩子才会健康成长。

针对这类被家庭疏忽，甚至漠不关心的孩子，应加强早期的一些教育，建议家庭：

1. 家长要尽到监护人的责任。失去了监护人的孩子，大多数从小就很自闭，属于内向的孩子，双亲健全的家庭，如果不对孩子落实监护的责任，孩子往往容易跟社会上的人混在一起，爱好上网、说谎话、偷东西、懒惰、嘴馋等坏毛病。所以家庭一定要切实明白自己的责任和义务，家庭成员主动承担好各个角色。

2. 适当地教育孩子法律方面的知识。家长要挖掘孩子心灵深处的真实想法，给他介绍他的前程和未来，再跟他讲讲触犯法律和虚度光阴的后果。毕竟，一个孩子最脆弱的年龄段就是10岁到15岁，这个时期的孩子很容易冲动，促使他们勇往直前，即使触犯法律他们也不怕，因为他们不考虑后果，只觉得好玩，只觉得过瘾，父母的管教方式欠缺或手段乏力，他们就更加肆无忌惮，以致最后酿成滔天大祸！

3. 家长认为正确的事情，一定要坚持到底。很多时候，孩子只有在被约束时才是安全的，很多事情，做决定的应该是家长，家长想要什么样的孩子，越坚持朝这方面努力，孩子就能越快得到培训，越会向这方面发展。家长不要害怕孩子的拒绝，也不要怕失去孩子的爱，对正常管教要意志坚定，不要犹豫不决，坚持了这些，想让孩子不听话都难。

4. 家长要丢掉虚荣心，不要拿孩子去左右比较。一般家庭喜欢拿孩子的成绩与"面子"挂钩，孩子考得好，就添光彩，考不好，

就丢脸。家长要认清：孩子是孩子，家长是家长，父母的使命不是把孩子当工具，而是与孩子为友，陪孩子走一程。日常生活中，父母也不可喧宾夺主，就是坚持自己意见时也要讲明白来龙去脉，不要将自己的角色搞反了，把"陪"变成"替"，"配角"变"主角"。

09　偏见带来的失衡

采写手记

　　谁都不能准确说明一个孩子的变坏是从哪一天开始的，或者是一个渐进过程，或者是一个瞬时冲动。我们儿时做过很多恶作剧，我们为恶作剧高兴过，长大了我们甚至还津津乐道，似乎那就是童年带来的快乐。老师教育我们说："不要将自己的快乐建立在别人的痛苦之上。"于是，我们学会一些东西，包括对人的尊重，对人的关心。现在，当我跟小侯交流时，我感觉不到他真正的坏，那些童年是我们普通的童年，那些经历也是我们普通的经历，最终他没有过普通人的生活，这不是他潜意识想干什么，而是他潜意识里就没有干什么，但是，那时那地那人，这些组合的因素，你选择也好，毫无防备也好，有些事情还得去看前因后果，然后你才会知道一个人的成长竟有那么多的偶然与必然。

个人资料

采访对象：小侯（化名）

年　　龄：16 岁

罪错性质：盗窃

文化程度：初中

爱　　好：上网、吃东西

家庭情况：父母务农，家庭情况一般，哥哥在上大学。

案件追踪

某日，小侯伙同小李在长沙某网吧，趁人不注意时，由小李放风，小侯将放在肖某身边的一个红色女式提包拿走，内有现金600多元和手机一台。第二日，小侯又以同样的方式进行盗窃时被群众抓住送到派出所。

成长记录

我出生在一个普普通通的农民家庭，在家中排行老二，上面还有一个哥哥，在母亲的疼爱下和父亲的严格管教下，我一直是个听话的好孩子。父亲帮别人打工维持着整个家庭，母亲就在家种了几亩田，养几头猪。虽说家里不怎么富裕，但是在农村，这样的家庭

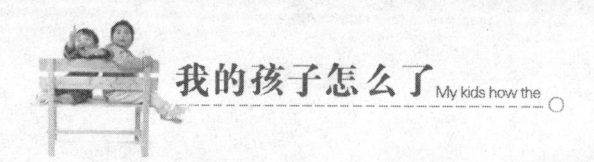

还算过得下去，凭借着父亲和母亲的共同努力，也就是在我八岁的时候盖起了新楼房，这在我们村里当时也算是不错的家庭了。

一个怕痛的童年

一个和睦的家庭必然也有不如愿的事情，小时候我和我哥的关系就不好，也记不清究竟是为了什么事。记得小时候放秋收假，母亲到田里收割去了，家里还有谷要晒，我们两兄弟都不肯去晒谷，都想留在房间里玩游戏机，母亲回来了，在外面喊了老半天，我就喊我哥去，他不去，硬是要我去，我们俩互不相让打了起来，我自然打不过我哥，当时打输了，还被母亲责骂了一顿，而我哥还在一旁幸灾乐祸地笑。从那件事以后，我和我哥的关系更加紧张了，互相看不顺眼。从那时起我半年没有和我哥说上一句话，直到我哥去读高中，一个月只回来几次，我才和我哥的关系慢慢好起来。这就是我们兄弟的关系，我现在还对他有一点成见，那就是我与他打架，我总被他打趴在地上。每次打输了之后我都会哭得一塌糊涂，不为别的，就是怕痛。我怕痛是出了名的，就连小时候打针我也是一样。

记得小时候，有一次我感冒了，吃了很多药都没有起色，后来母亲要我去打针，我坚决不去，那时想想那么长的针头插在屁股上，不痛死才怪，后来母亲连哄带骗把我骗到了医院，医生问了问情况就将一根手指粗的注射器拿出来了，尖尖的针头闪着亮光，我看着就晕了。母亲说不要怕，就像蚂蚁咬一下一样。我哪能相信，死活要往外走。后来母亲实在没办法了，抱着我，捂住我的嘴，医生帮忙脱下我的裤子，把针头插进我的屁股，疼得我哇哇直叫，后来母亲安慰我说没事啦，我生母亲的气生了好一阵子，过了几天我的病

就好了，又可以开开心心地玩游戏了。

一段淘气的历程

不知不觉就过了几个年头，到了我该上学的年纪了，记得那个时候读书每天都是父亲骑着自行车送我去学校，到了放学的时候，父亲总是按时来接我回家。小学时我还不懂事，经常做一些不如意的事惹父母不高兴，一些小错误在我身上反反复复地出现，以至父母对我好像有点不冷不热，我甚至觉得他们对哥哥要好，表扬哥哥多，我只有挨批评的份儿。在这种情形的影响下，我觉得有点失落，这种失落影响到我后来的上学。

刚刚踏入初中的学校，我就不是很喜欢读书，成绩也一直很不好，更何况初中比小学多了那么多课程，语文、英语、化学、物理等有七门课程，一看课本我头都大了，更别提每天还要去读、去学

我的孩子怎么了
My kids how the

习了，所以我产生了强烈的厌烦心理。所以，那时候我根本没专心读书，只知道玩，也因此我一直显得调皮捣蛋，仿佛是一个混世魔王，加之性格也很倔犟，坚决不容许别人说我的不是，不然我会拳脚相加。在学校里不听老师的话，所以经常受到老师的责骂与批评，但我无所谓，有时候也会和他们顶几句嘴，证明我不怕他们。老师也多次到我家家访，请家长去学校开会，我对他们的批评习以为常了。

初三下学期，有几个玩得好的朋友都退学了。本来我也有这种想法，认为自己读书比不上哥哥，干脆就算了，准备退学，但是由于父母坚持我读完，我还是硬着头皮把初三学期读完了。在这学期里，我干了不少的坏事，有一次放学的时候和几个玩得好的同学一起回家，路过一片包菜地，我们看着圆圆的包菜就像是一个个足球，当时一时兴起，对着包菜就是一脚，一脚一棵，踢得包菜四处乱窜，像是天女散花一样，我们几个伙伴越踢越有味，越踢越来劲，直到差不多把那片包菜地的包菜全部踢完为止。后来被包菜园的主人发现了，他从家里拿了一根两米长的扁担向我们追来，我们当时吓得屁滚尿流，撒腿就跑，直到跑到那个人不追了为止。没想到的是第二天，那个包菜园的主人就找到了学校，向校长反映了情况，校长召集全体师生开了一个会，虽然没有查出我们，但是在学校里总少不了一些风言风语，尽管我们有点提心吊胆，但那仅仅只是他们的议论，久而久之就淡忘了这件事。

就因为淡忘，我们也就忘乎所以、我行我素，以至发生了一件更加严重的事件，那就是我们逃课去打了电游，写了一张请假条说是肚子痛去看病，老师也没在意，第二天我们又用同样的方法欺骗老师，说自己生病不能去上学，老师知道事情的真相后把我们几个叫到了办公室训了一顿，后来又要我们回家请家长到学校来，我们当时认为要是被父母知道一定会骂死的，甚至会将我们一顿暴打，我们担惊受怕不敢喊家长，反而玩电游去了，老师打电话到家里问情况，双方都不见我们感到非常的焦急，父母和老师找了我们半天，结果没看到我们的影子。晚上我回家时，母亲问我去了哪儿，我想都没想就说在学校里。母亲的语气加重了，说学校打电话到了家里，你还骗我？我找了你半天。当时我发现母亲流泪了，我从泪水中读懂了她的伤心，读懂了她对我的关怀。

经过这次后，我决定好好读书，不能再让父母担心我。但由于以前学习基础差，我中考考试没有考好，父母让我去上职高，我不去，父母没办法，只好让我学门手艺，我在长沙汽车西站学习维修手机，在那里碰到我的一个好朋友，我们一起努力学习技术，师傅对我们也很好，当时有6个师兄弟，我们长期在一起研究手艺，玩的时候一起吃夜宵、K歌，过得很快乐。

一个致命的错误

过了一年，我出了师，经过父母的关系我找了一家门面自己开店，17岁的我就在望城县开了一家手机店，刚开的时候，生意还过得去，也赚了点钱，第一个月就拿了一千元给父母，他们当时笑得好开心，连说我不错，我心里的高兴劲就别提了。慢慢地生意就冷淡下来；每个月只能应付开支，没想到一月比一月差，渐渐地就吃老本了，生意的不好并没让我寻找思路发展，反而让我没有心思管生意了，成天泡在电游室里玩，根本不去想那些不高兴的事。在游戏室里认识了些不三不四的人，我们长期在一起还成为了好朋友，天天相约在游戏室玩老虎机，后来身上没了钱就借，最后欠了一屁

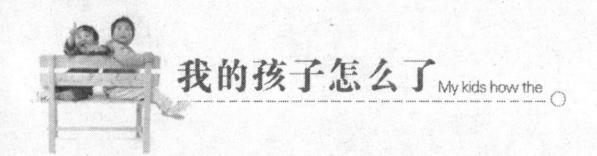

股债。有一天他们对我说："欠了这么多钱怎么办？"我说我怎么知道，不知道谁说了一句："我们还是干老本行吧？"他们告诉我，网吧里玩游戏的人睡了，手机、钱包都放在桌子上很好下手，我当时不懂什么法律，心里只有一个想法就是多搞钱用来还账和玩耍。当天晚上我就和他们来到了"成名"网吧，当我们瞄准一个桌台上的一台手机和一个钱包，我们边看边等下手的机会。我站在旁边，用眼光不停地瞟过去，心情非常得激动与紧张，我去拿的时候手还发抖，我颤动的手差点碰到了那个人手上，我害怕那个人突然醒来，自己吓出了一身冷汗。但还是很顺利地拿到手机和钱包，我们迅速地离开现场。当时打开钱包一看，里面有600多元，我们无比的兴奋。有了一次就有第二次，当天晚上我们以同样的方式去拿一个钱包，得手后准备离开时却被两个便衣警察给抓住了，我们万万没有想到结果会是这样的。到了公安局我没敢打电话回去，因为怕父母担心我，第二天我就被送进了拘留所，但是纸是包不住火的，最终还是被父母给找来了，我在接见室看到了父亲，父亲的脸比以前憔悴了很多，我当时立马就哭了起来，跟父亲交谈了一会儿后，我又回到了拘留室，在拘留室待了13天后被送了一年劳动教养。

哎，现在想想真的是一万个后悔，当时我没有好好读书，没有听父母的话，才落到今天这种下场。在余下的日子里，如何去做成了我必须考虑的现实问题，我终究能给自己一个怎样的未来呢？

心灵启航

处理孩子之间的矛盾

有人和上帝谈论天堂和地狱的问题。上帝对这个人说:"来吧,我让你看看什么是地狱。"一群人围着一个肉汤大锅的房间,每个人手里拿着一只可以够汤的汤匙,但是汤匙的柄比他们的手臂长,没办法将东西送到嘴里,他们痛苦不堪。"来吧,我再让你看什么是天堂。"同样的场景,一锅汤、一群人、一样长的汤匙,但是,每个人都快乐。上帝说:"很简单,在这儿他们会去喂对方。"理解别人的环境和困难,多从他人的角度去考虑问题,心怀奉献之心才是促进交往的最好营养品。这种人际间的交往,最初是从家庭中开始的,然后再进入社会。

本案例中的孩子,两兄弟原本没有多少分歧,但就是那样很自然的偷懒而成了事物的主因,大的不会关心小的,小的不会尊重大的;家长忽略了这一点,比如对他们"尊老爱幼"、"互帮互助"等的教育。普通家庭的两个孩子,一些很普通的事却留下了很多的隐患。日子久了,这些隐患就有了爆发的机会,在某一天成为导致一个家庭裂隙的真正开始。毫不隐瞒地讲,孩子眼中的父母是随他们一起长大的。面对事情如何处置也会成为他们的风向标,孩子会根据风向来揣摸父母的感情,父母对哪个孩子的亲疏程度也会给某一方有一种自我暗示。孩子之间的矛盾,家长不可能坐视不管,更不

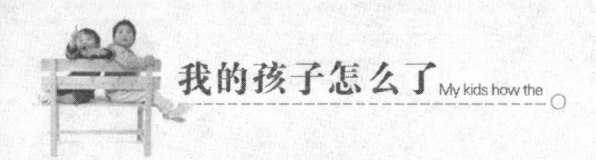

能视而不见，要知道都是家庭成员，每个成员就如同足球上的一块，少了哪一块，或者在哪一块出了漏洞，那这个球就必然漏气，其真正的功能就体现不出来。俗语说："手心手背都是肉。"但父母应当站在什么的角度，如何来有效化解他们的矛盾是一个付出努力的过程。如果处置不妥会造成孩子的失落，形成了链式反应，使受冷落的孩子从不爱读书开始，不断地出问题，影响孩子的一生。

针对孩子之间的矛盾，要多培养合作的意识，建议家庭：

1. 家长应做好调解工作，积极引导孩子之间处理好关系。 在处理问题之前应该问明情况，弄清是非，并告诉这个孩子哪里不对，那个孩子哪里不对，各自找出各自的原因，要让不对的孩子或错误大的孩子向对方道歉，而且要让孩子谅解对方。家长在处理问题过程中，不仅帮助孩子明辨是非，更重要的是要促进孩子文明礼貌习惯的形成。

2. 家长端正自己的态度，适当交给孩子自己处理。 面对"惹祸"的孩子，家长要听孩子的解释，不要责怪孩子，更不能打骂，而是应该慎重对待，不能一味强迫年长的孩子让着年幼的孩子，这样年长的孩子就会觉得不公平。弄清事情的前因后果，让孩子自己想个折中的办法来解决。在问题解决后要及时向孩子讲明道理，无论什么事情，都应该相互照顾，不能只顾着自己，不顾别人。

3. 重视小事情，防止大问题。 当孩子之间发生争执和"战争"时，不管是自己家两兄弟还是同学之间、朋友之间，家长不要以为孩子只是闹情绪放在一边不以为然，孩子情绪往往具有不确定性，如果及时化解了就没事了，处理不好，小小的波澜可能是一场风暴的前奏，只有小心谨慎的防备才不会出现大的意外。家长要认真地

教育孩子，妥善处理孩子的纠纷，切不可感情用事或护短，这样才能使孩子的身心健康成长。

4. 建立良好的家庭合作意识。 让孩子明白家庭是一个整体，事情需要共同努力、承担，并且客观评价家庭成员，不要凭一件事就作出错误决定或判断。学会每天给家人微笑，一起面对困难，一起分享快乐，只有容纳了家人，才可能更好地接纳社会关系，形成一个良好的人际关系网络。

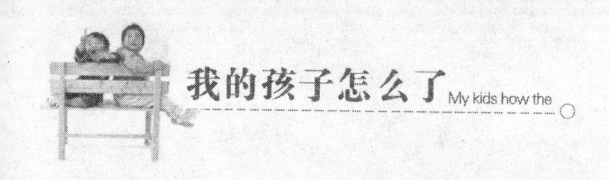

10 毒品吞噬的花样年华

采写手记

　　这位十多岁就开始吸毒送教养的孩子，穿一件陈旧的米褐色的T恤，单薄瘦削的身影像一根枯黄的草绳悬挂在防护栏上不停地摇摆。整张脸木讷呆滞，毫无生气。他的目光痴呆地望着窗外，是企盼，是惭愧，还是在思念自己的亲人？此刻，他轻轻地说了句："我就要走入社会啦。"这个已脱离毒品快一年的孩子，说话仍是含糊不清，声音软绵绵，断断续续，与他面对面坐着，我感觉他完全不象一个仅有十六岁的少年，毒品已将摧残得面目全非。的确，从12岁开始，毒品已浸淫了他，如今，他说得最多，也最真实的一句话是："毒品将我的人都控制了、毁了。"

个人资料

采写对象：小唐（化名）

年　　龄：16岁

罪错性质：吸毒

文化程度：文盲

爱　　好：无

家庭情况：母亲去世，跟随父亲和爷爷生活，家庭经济困难。

案件追踪

某日，小唐伙同其他3人在本村一肥料仓库中采用"打板子"的方式吸食毒品海洛因一包。

成长记录

上当："神丹妙药"治感冒

我出生在一个偏僻的农村，那里只有不高不矮连绵起伏的山和不清不浊长年流淌的溪流。我家就建在一个土坳上，几间破旧的土砖房。从我记忆开始，我就没有了母亲，我就是与父亲、奶奶和叔叔挤在几间窄小的房子里过日子。家门前是一片绿油油的洋葱地，洋葱迎风起舞，一浪一浪的绿波从山坡推向山顶，又从山顶一浪一浪地涌到山坡，这就是我记忆里最美丽的童话。

家里穷，供不起我的学费，我看着邻居家的孩子背着书包上学，我独自一个人躲在洋葱地里流泪。我是多么想上学，多么希望有人将书包轻轻地挂上我的肩头，让我也享受童年的快乐，然而这一切只是梦想，只是我最奢侈的愿望。除了伺弄几亩葱苗，家里的田土也是我和父亲一道日出而作，日落而息。四周的山像一口浅井的四

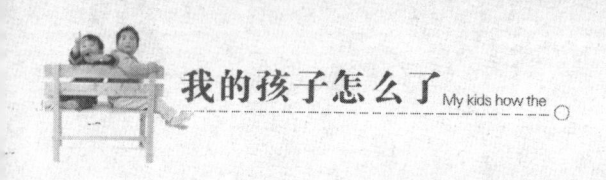

壁，包裹着我采摘星星与月亮的梦想，我就是一只生活在井底的青蛙，然而，没有上过一天学的我对这种山里的生活也开始习以为常。

日复一日，我慢慢地长大了。闲时，我常去本村几里外的蒋叔叔家玩耍，希望在那里能找到童年的快乐，而蒋叔叔也将好玩的给我玩，好吃的给我吃，我渐渐地将他当成了我最好的亲人一般。记得有一天，我得了感冒，心里很难受，蒋叔叔拿出一个小纸包说："这药治感冒效果非常好。"不明真相的我在蒋叔叔的指导下，铺开锡皮纸用打火机烤着纸片，顿时升起一缕缕青烟，我学着一口口吞吸着这种烟雾。我呕吐了，心里直犯嘀咕，心里怀疑蒋叔叔在骗我，但是看到蒋叔叔悠然自乐，一脸的陶醉时，我抛开了所有的怀疑，继续进行尝试，慢慢找到了如痴如醉的感觉，这种感觉就像是燠热的夏天洗了一场畅快的凉水澡，全身舒服极了。为了找到更多更妙的感觉，我每天步行半小时山路到蒋叔叔家里，找他玩，找他一起去找那种感觉。次数多了，父亲也发现了我的异常，不问青红皂白地对我一顿毒打，吸毒上瘾的我心里矛盾极了，但我毅然决定干脆不回家了，离家一走就是3年。

下水：沾染毒瘾去流浪

离家之后的我哪儿也不敢去，哪儿也去不了，因为我不了解外面的世界，我更不懂得外面的世界有多大，事实上，心里也充满着恐惧。起初一段时间，我只好躲藏在蒋叔叔家里。一次，蒋叔叔将我带到县城火车站，这时的他原形毕露，威逼我想办法弄钱，没有毒源的我只好唯命是从，听从他的安排。望着川流不息的人群，我不敢伸手，胆怯地退到了一边。但蒋叔叔一脸凶相地看着我，然后用力推了推我瘦小的身子，然后指着一个挎着坤包的妇女，示意我不要怕。我只得壮壮胆，伸出了稚嫩的手，走出了我罪恶的第一步。后来，蒋叔叔又将我介绍给一个二十多岁的小伙子，让我喊他师傅，并且跟他一起"学艺"，不断地穿梭在人流当中干着罪恶的事情。在离家的3年里，我每天混迹于县城的人流里，每天不能空着手回去，哪一天失手没扒到钱，回去之后我就要被蒋叔叔和那个年轻小伙子打个半死。毒品和暴力摧残了我，只要一睡觉，我的头脑出现的不是毒品就是暴力的拳头，走投无路的我成了他们控制的行尸走肉，只有跟随他们四处流浪。

一起吸毒，两个年纪和我相仿的孩子因剂量过大而死亡，看着他们那么痛苦而漠然地离去，曾经熟悉的面孔此时变得如此的冰冷，我惊呆了，我决定不吸毒了，但是，我又怎么能以此战胜得了毒瘾呢？在我茫然和恐慌的时候，我因吸毒被送到了戒毒所接受强戒治疗。我清楚自己不仅仅是在吸食毒品，而是在一天天吞噬自己的青春年华。在此期间，我充分认识到了毒品对社会、家庭和身体的危害，我明白自己就是这样深受其害。何况身体没有发育完全就已经衰竭，每天只能四处流浪，有家回不了，不敢回，躲藏在城市的角落里向那些无辜的人们实施犯罪，这真是让我好痛心。

受教：幡然醒悟做新人

接受了戒毒所3个月治疗后，我想：我一定要脱离毒品，不再沉迷毒瘾。只有这样，我才能让自己彻底改变，就算家里再穷，在家里种洋葱田都比在外面流浪安心，过得舒坦。可是，我刚走出戒毒所的大门，社会上的几个朋友高高兴兴为我接风，准备纯度较高的海洛因为我庆贺。洒在锡皮纸上的白粉泛着银灰的光泽，我抑制不住的心又有了向往的感觉，又一次被卷入毒品的漩涡，跌入了白

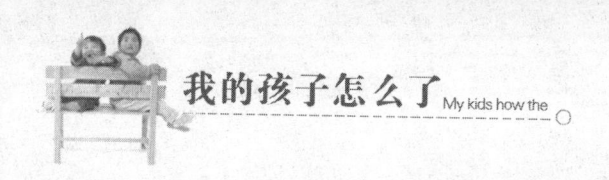

我的孩子怎么了
My kids how the

色的陷阱。一次，我和朋友窝藏在村里的一个仓库里，他们横七竖八地摊在一张小床上，四周的蜘蛛吐着蛛网从横梁上向我们包围。三个人凭借从窗口投入的光亮，摸索着按下打火机在锡皮纸底下荡了荡，缕缕烟雾升起，这时，从天而降的警察将我们抓获。

  这次，我被送了强制隔离戒毒。如今，我还是那副瘦弱的身材，我的样子让人觉得随时会被一阵风吹走。起初一段时间，我更是面无血色，典型的几根骨头支撑的人。属于孩子的天性淡然无色，销匿无形。但现在我懂得了很多，生活也有条理了，能够按时起床，铺整被子，有时候对着窗户玻璃反复照自己的脸，看自己变了样没有。我领会了很多道理，由于吸食毒品，我的身体变得弱不禁风，头脑也仿佛不会思考问题，这种身心的摧残所损耗的一切什么也弥补不了，这就是毒品的危害。虽然我明白了一些，但是，对于未来，我的眼里只有迷茫，我了解了毒品又怎样？我的花样年华呢？我还能做什么？不知道我的这种忧叹是我对自己的毫无信心还是本身的无奈，但愿在警察和社会的帮助下，我依然能平静地走进正常的生活。

思索：都是毒品惹的祸

  每天，我总是想象自己在美丽的校园蹦蹦跳跳，在父母的怀抱里听着教诲，然而，当我无知地染上毒品，一切离我更远了，不知道这是我的可悲还是社会带给我的可悲。是毒品造成了我的身心不健全，有时我自己会暗自流泪。我不只是为我自己在落泪，还有我的家人。我只是普通孩子中的一个，但我跌入毒品的白色魔手却浑然不知。当我为了毒资采取非法手段，当我被人控制去犯法，回想这些，我真是无地自容，我想我错了。像我这样可怜的孩子，我看

到了很多，他们有他们的无奈，他们有他们的痛苦，但是，有多少人真正从内心上关心过他们，成人染上毒品都控制不了，何况我们孩子。每年6·26国际禁毒日来的时候，都引起了我很多的思索，但每次的宣传就是几个生硬的"珍爱生命，远离毒品"，毒品究竟是什么？毒品离我们多远，离年轻人多远？这应该是每个人都应该关心的问题，也是整个社会要严肃面对的事情。

心灵启航

拒绝毒品带来的侵害

毒品不遥远，就在每一个人的身边。许多孩子将毒品与香烟等同起来，认为吸毒也可以试一试，没有什么了不起。殊不知，往往吸了一两次毒品，就可能上瘾，并且很难戒掉。据昆明、武汉、广州等地的司法系统统计，60%的人第一次尝试毒品的场所是在自己家里，多数情况下是受朋友的欺骗和怂恿而吸毒的，这就表明了毒品对我们的家庭已经具有很强的渗透力。拒绝毒品，不仅仅是要拒绝那些外显性的偏差行为或不良场所，更要警惕存在于自身的环境或人际网络中的隐性不良因素。即使在毒品预防教育中，大多也只注重在生理、心理层面解释吸毒行为的成因及通过个案来阐述吸毒行为的危害。这些内容虽然使孩子直观地了解到吸毒成瘾的生理、心理机制以及吸毒的后果，但是对于孩子"在哪些情况下会受到毒品的诱惑"、"哪些人会诱使孩子吸毒"、"不慎吸毒后应该怎么办"等问题却涉及甚少，即使涉及也往往从成年人的视角进行阐述、教化，不易被孩子所接受。

　　本案中的孩子步入吸食毒品的深渊，原因有两个方面的一是非健康生活状态。孩子的家庭不健全，他成长过程中受阻，导致孩子产生了非健康的心理状态；孩子生活闭塞，他与主流社会之间逐渐隔阂，无法融入主流社会；加之他从来没有上过学，无法接受主流社会的教化与影响，从而极易接受主流社会禁止或排斥的事物，其中就包括他的毒品与吸毒行为。二是家庭结构性缺失。孩子接受不到心理成长、行为培养等方面的教育。因为单亲家庭和不良的家庭状况，孩子的心理成长、个性发展等方面的内在需求无法得到满足，从而逐步滑向边缘人的群体。没有人对孩子在行为方式、生活态度等方面进行正确的引导，孩子容易受骗，轻易相信他人，最终导致了孩子在吸毒行为产生之初未被及时发觉、及时制止，从而使得吸毒行为有足够的时间和机会获得强化，最终使孩子吸毒难以自拔。

针对孩子面对毒品的诱惑或吸食毒品，家庭应及时预防，尽早让他们走出阴影，建议：

1. 家长多教育孩子毒品相关知识。家长不要寄希望学校、社会禁毒宣传取得100%的效果，那些通过"肢体不全、身体腐烂"的影像、图片或吸食毒品后"身败名裂、倾家荡产"的实例，以心理暗示的方式告诉孩子"这就是吸毒者的下场"有积极的作用，但重点应放在转变孩子对待毒品的态度和认识上，让孩子明白那种所谓"吸食毒品很酷"的说法是骗人的，吸食毒品会带来严重后果。提高孩子的识别能力，防止被教唆、避免上当受骗而误吸毒品。

2. 让孩子树立正确的群体意识。孩子的初次吸毒行为的发生，大都是在同辈群体的压力下产生的，并且在初次吸毒后又会在同辈群体的影响下再次吸食，从而达成对吸毒行为的强化。在成为吸毒"圈子"的一员后，他们又会共同对未曾吸食毒品的孩子进行影响，制造新的吸毒者。这也从另一个侧面印证了"吸毒行为的发生具有群体性"这一特点，所以，要让孩子正确认清什么是"朋友"，处在良好的朋友圈子中。

3. 鼓励孩子到有益身心健康的场所活动。有不少未成年人染毒是由于经常去娱乐场所引起的。当然，我们不能够因为娱乐场所有可能导致吸毒的可能，而就禁止孩子们到那里去，但要让孩子接受Party的活跃气氛，或者说是为了达到减压的目的，而不是寻求刺激的目的、减压的目的，最终导致染上毒瘾。

4. 正常看待吸毒的孩子。吸毒的孩子也是受害者，从人格上他们和正常人都是一样的，甚至于他们更应该多受到有关方面的关爱。我们应该用一种平常心、用一种人格平等的观念来对待他们、关心

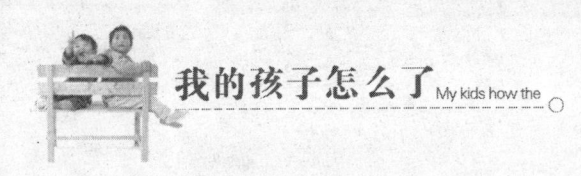

我的孩子怎么了 My kids how the

他们、帮助他们。无论处于生理戒毒的孩子，还是心理戒毒的孩子，家长都不要放弃，要加强与孩子们的沟通，让他们更快地脱离毒瘾，从生活、学习，甚至于就业方面给他们提供及时的帮助、关心和支持，使他们能够感受到家庭的温暖。

11 一个成功孩子的失败

采写手记

  一个大学生，他有着美好的前途，每个人都会这么认为。可是，坐在我的面前，我依然看到了他的浮躁、迷茫、失落……他的眼镜有着很厚的镜片，那里面有深深的岁月印记。与他的目光对视，我想我触碰与触摸到的只是其中一部分，但是，这一部分体现了他生活很真实的一面，这一面或许也有当前大学生活的一个剖面，在这种表象之下，我们或者看到家庭在他们背后的努力，但是，我们又会看到家庭很多时候的无奈之举。一个孩子有着他们自身的思维方式，但是，这种思维方式能够引航他们的成长吗？这些成长过程，或者不仅仅是孩子一个人去追求理想的目标，而是一个家庭共同去努力。

个人资料

采写对象：小黎（化名）

我的孩子怎么了

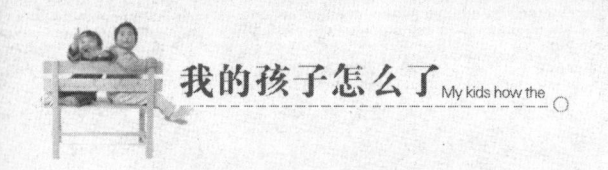

罪错性质：盗窃

年　　龄：18 岁

文化程度：大专

出生地址：湖北通城

作案地点：湖南长沙

爱　　好：下象棋

家庭情况：父母在家务农，与家庭关系融洽。

案件追踪

某日，小黎窜至某医学院食堂吃饭，趁坐在旁边的容某不注意，盗得其一个蓝色坤包，内有诺基亚 7270 手机一台，"苹果"牌 MP3 一台，总价值 887 元。

成长记录

童年的一生回忆

十几年的曲线轨迹和心路历程，使我深深阵痛。

我生在乡村，那里没有经商的浪潮，人们习惯日出而作、日落而息的田园生活，但会有一拨儿一拨儿的年轻人外出打工。虽然家里物质匮乏、生活清苦，但我作为家里的第一个大男孩，爷爷奶奶叔叔对我宠爱有加，他们视我为他们生命的全部，虽然家里不富有，但他们竭尽所能满足我的各种要求。由于少不更事，我不理会父母的清苦，总是要这要那，但父亲会咬着牙关答应我。我们乡里放电影，父亲不管多累，总会背着我去看，这样的一种关心逐渐将我养成了任性、急躁、自私的性格，尽管如此，我的童年还是波澜不惊、无忧无虑地过去了。每天放学我会尾随父母干些家务活，和同村孩子嬉笑玩耍，也是相当的有趣而惬意。

我是5岁上的学，没上过学前班，父母是文盲，也不会在家教我什么，所以在我上学时连"1"都不会写，但我会很流利地写出自己的名字，而且比同学写自己的名字要写得好，这让老师感到很意外，以为我很聪明。父母看我写在作业本上的名字，抱起我说："我的儿子真不错，我不会写字，我的儿子会读书写字。"父亲当时的神情我一生都忘不了。处在那个年龄段，我相信每个人都是调皮的，我们那时候，夏天会去偷人家的桃子、西瓜，秋天会去偷人家的橘子、花生大饱口福；我们也会去"赌"，赌具就是铁珠子或玻璃珠子，赌注就是课本和作业本的纸张，弹中一次就赢多少页纸张，当时觉得很有味，很刺激。课本里有思想品德课，我学到了不少做人的道理，知道盗窃是违法的，不道德的，也是极不光彩的事情，后来就再也不去偷人家种的瓜果了；在自然课里，自然界的现象和自然奥妙深深吸引了我，使我体会到学习的乐趣，成绩也直线上升，三年级就评上了少先队员。语文老师颇像鲁迅先生写的私塾先生，他教书的方法就是"严"、"蛮"，他的"严"就是对学生从不讲人情；"蛮"就是采用死方法，每篇文章都要倒背如流，当时觉得他的教学方法真是死板，多么枯燥，幸好我对其他科目有兴趣，所以我的成绩一直排在年级前三名，每次月考都能拿到奖励。我顺利地上了初中，并且很快就加入了共青团，这更激发了我的学习兴趣，父母也为我感到骄傲，所以什么事都依着我，只要我决定的，他们很少反对。那时候，我虽然改掉了任性的脾气，但我也还是会经常和别人打牌，或者斗地主，或者打麻将，当然，输赢很少，都是父母给的几十元钱。

初恋的一场浩劫

上了高中，进了县城，什么都觉得新鲜，感觉城里真好，心里发誓一定要考个好大学，将来也在大城市生活，于是我开始了教室、寝室、食堂"三点一线"的生活，虽然比较单调，但我想起自己的前途和理想，更加激发了我学习的兴趣。我的成绩在班上一直很好，并担任班长和学生会主席。我那时候的思想也是很单纯的，每天就是上课看书、做作业，有时候打打乒乓球，邀请同学们看看电影。

那几年，我的人生观、世界观都有着深刻的变化，可我的理想被高三时的早恋毁灭了。高三文理分科，学校重新编班，有个姓黄的女同学分到我们班，当她第一天分到我们班时，我有种莫名的冲动和强烈的感觉，她那白皙的脸蛋、水汪汪的眼睛深深使我着迷，一种从没有过的情绪陡然而生，她的一举一动牵动着我的心，她的一颦一笑钩住我的魂，我觉得我是爱上她了。当时的情况不容许我谈恋爱，当时的理想不容许我谈恋爱，我尽量地克制自己，可有些事情往往事与愿违，你越是捂住你越是烦躁不安，于是，我默许了自己，既然爱她就去追她，我征得老师的同意坐到她的前排。为了赢得她的高兴，我想方设法投其所好，自己节省要为她买零食，家里的生活费不够，我就在班费上面打主意，由于班费管理也不规范，是我一人开支一人记账，我在班费上也用了不少，但没有人发现。我知道自己这样做是在犯错误，但为了自己的爱我什么都不管了，什么都不顾了。

我上课总是分心，课余又想方设法找她攀谈，这样时间一长，我的学习成绩就下降了不少，班主任多次找我谈心，分析原因，他们哪里知道我陷入了早恋。高中时寄宿，我难得回家一次，我跟父母也无法谈及，父母对这些事也蒙在鼓里。我感到越来越离不开她，快到高考的时候，她说不和我交往了，还有意回避我，我的心痛到了极处，情绪也坏到了极点，变得意志消沉，并且靠抽烟来消除愁绪，学习成绩更是每况愈下。有几次我下狠心要沉下心学习，忘记她而一心学习，可想起在一起的点点滴滴，我的心就更加的痛，后来觉得没有挽回的余地就破罐子破摔，我越陷越深，染上了更多的恶习，经常去看黄色录像，并且和社会上的人玩赌博诈"金花"，成绩就可想而知，最后我只考上一个二本学校，在填报志愿时又出了一个问题，结果就去了一所专科学校，初恋那简直就是一场浩劫，毁了我的理想，这都怪我自己当时心理不成熟。

大学的一次迷失

带着无奈的心情来到古城西安上学，经过了高中的挫败，我发誓一定要努力学习来弥补自己以前的过失，给自己描绘了宏伟的蓝图，开始一段时间，我规规矩矩，很少出去玩，要玩也是去西安古城墙下去看看，我抓紧时间学习，大部分时间在图书室度过。那时候，看到别的同学都忙于谈恋爱，互相攀比，而我边学习边为筹措生活费而找家教，使我与同学相比有点自卑。当我想到毕业之后本科生都难找工作时，我的心里更加迷茫，心里自我解嘲地说不要作践自己，何不随波逐流。我花一个月生活费买了一套衣服，找了三份家教，但我挣的钱不是用在学习上，而是去了网吧和麻将馆。我还游历了西安的很多名胜，陕西有名的地方我也去了不少，有兵马俑、华清池、黄帝陵等，只要是我认为有名的地方我都去了，一饱

我的孩子怎么了 My kids how the

眼福。我那时候没有多少钱去观光，但我会很节约，不会去偷别人的东西，尽管图书馆、寝室每天都有人放贵重物品，但我还是没有那么"坏"，有自己的道德原则。

我经常到学校旁边的一个麻将馆去，我在麻将馆认识了一个叫红的女孩，与我是老乡，年龄与我差不多，说话也投机，时间一长我们就眉来眼去，没多久我们就同居了。麻将馆本来就鱼龙混杂，三教九流什么人都有，也不乏有靠盗窃营生的人，有专门偷电脑CPU、硬盘什么的，他们往往偷了东西不知道哪里可以销赃，很便宜就脱手了。我不禁想到了可以收他们的东西然后再转手电脑城。我和红一商量就开了家二手电脑店，那简直是暴利，让我确实惊呆了。好景不长，不久我被人供了出去被抓到了派出所。红找关系将我保了出来，但是书是读不成了，我和红离开了那座城市。我认为红救了我，我对她特别感激，我赚到的钱一分不留地交给她，但我时常想打牌，身上没钱真是窝囊，于是，我就想方设法搞私房钱，但钱总是不够花，我还欠了外面两万多。有一天我在火车站，帮人买车票坐在台阶上抽烟，看到一个十三四岁的小男孩问我要烟抽，我一看就是个离家在外流浪的孩子，脑海里突然有了个念头：何不利用他为我赚钱呢！我便问他愿不愿意和我干，保证每天包吃包住两百元，没想到那个孩子毫不犹豫就答应了，接下来我帮他买衣服、找住宿，教他如何拆卸电脑里的配件，第二天就带他到网吧，利用上网的机会偷网吧电脑配件，没想到他第一天就给我赚了好几千元。这样过了几天，我带他故伎重演时，这个小孩子被抓住了，而我溜了，那一刻，我的心都凉了。

再一次受到惊吓，我想这样终归不是办法，于是我在一家安防公司找了份安装警报器和监控器的工作，开始几个月我省吃俭用，

很安分，时间一长，我老毛病又犯了，工作之后又去麻将馆，一输就是几百，生活费都输光了。我只好去便宜的地方吃饭，恰好一天，在吃饭的地方有一个包放在我的旁边，手机在包口，我一看就动了心，顺手将包拿走，我刚走不远就被抓住了，于是，我也就被送了劳动教养，我知道这是我罪有应得。

心灵启航

架起通往彼岸的桥梁

有一个故事：一个秀才去买材，他对卖材的人说："荷薪者过来！"卖材的人听不懂"荷薪者"（担材的人）三个字，但是听得懂

我的孩子怎么了 My kids how the

"过来"两个字,于是把材担到秀才前面。秀才问他:"其价如何?"卖材的人听不太懂这句话,但是听得懂"价"这个字,于是就告诉秀才价钱。秀才接着说:"外实而内虚,烟多而焰少,请损之。(你的木材外表是干的,里头却是湿的,燃烧起来,会浓烟多而火焰小,请减些价钱吧。)"卖材的人因为听不懂秀才的话,于是担着材就走了。由此可见,有效沟通是人们在社会生活经常遇到的问题,而人与人之间要达成真正的沟通并不是一件容易的事。很多家长对于沟通问题的认识往往处于一个误区,就是认为只要家长说的话孩子听了,这就是沟通。由于家长成长年代的各种因素的限制,使得他们教育自己孩子的语言和思维是很贫乏的。

  本案例的孩子,从小就只是在溺爱中长大,养成了放任、任性等不良习惯,家人只是在生活上尽力而为,在物质上给予满足,没有从心理角度关心孩子的需要;小学之后,一切变成了以学校为中心,家人对孩子更缺乏了了解,即使孩子在成长期遇到早恋的问题,也只有孩子自己在进行反反复复的思考、较量,一个孩子的认识能力、自控能力毕竟有是有限的,需要借助老师、家长来完成,但是,这时候老师的作用失去功效,又无法找到家长沟通,于是,很多困惑就堆积在孩子心理,久而久之,沉积的问题就越多,最后导致了严重的后果。孩子上了大学之后,虽然有了反思,决定改变,可是,在下一个困惑挡在自己的面前,他又会无所适从。孩子处理问题的方式一旦形成了固有的模式,后面的问题都会沿袭,原来孩子都是自己在脱困解围所有的问题,此时,他不但不会寄希望于家人,也与家人的思维不在同一条道路上。毕竟,现在的孩子都是伴着"声光电"诞生并成长的,就算是家长来沟通,不一定能引起孩子的兴趣,也不一定能达到理想的效果,所以,沟通的困境是每个家长必

须正视的现实前提，很大程度上也决定孩子是不是能成功地走向远方。

针对与孩子缺少沟通，不能有效地达到相互的交流，建议家庭：

1. 家长要做好情趣化示范榜样。家长首先自己需要活得比较有模范性，孩子希望自己的家长生活得非常有品位，不是落伍的。不是说"龙生龙，凤生凤，老鼠的孩子会打洞"。孩子对外来的物质、精神的影响特别敏感，模仿能力也特别强。家长自己表现得有追求，有品位，能在很大程度上影响自己的孩子。言传身教说的就是这个道理，但身教更胜于言传，如果孩子重视自己给别人的感觉，首先自己的心里要有别人，这些都是从父母那里学来的。

2. 拓宽多元化的沟通渠道。家长不能仅仅立足于语言的沟通，应该采取多种方式。孩子比较喜欢音乐，那就采取音乐的方式，要循循善诱。对于一些不适合直接同孩子当面说的话题，可采取留纸条、写信、向孩子推荐一篇文章、一本好书等方式进行沟通。总之，家长直接或间接式的做法交替使用，既可以表达自己的想法，孩子也比较容易接受。平时要多增加情趣，交流，常规的沟通方式往往引不起孩子的兴趣和能动性。

3. 家长一定要注意交流的言语。从家长与孩子沟通的经验看，沟通的效果与时间长短和次数不成正比。有些话容易让孩子的自尊心受挫，有些话让孩子失去希望……在与孩子沟通时，一定不要这样说："我过的桥比你走的路还多"，或是车轱辘话反复说，将孩子与自己的童年对照，这容易引起孩子的反感，要尽量和孩子聊点轻松的话题。最好是他感兴趣的，这样能调动孩子的思维，增进亲子之间的感情，使沟通更容易。

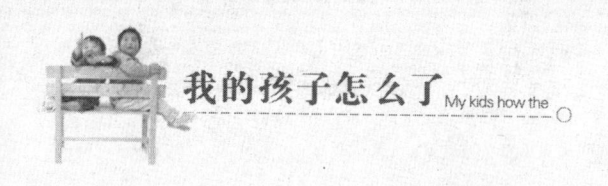

12　牵上堕落的魔手

采写手记

　　孩子从我面前转身离去时，单瘦的背影让我感到很凄凉。见过太多的孩子，他们的情感总是处于半饥渴状态，这个问题大抵都是从单亲家庭开始，这种伤痛不得不再次触及孩子的心灵。应该说，所有正常的孩子都是贪玩的，但大多数的家庭在这时候就不见了大人的踪影。这个过程，大人都必然懂得：每一个人都是从孩子时期过来的，不可能一生下来，孩子就迅速长成大人。但是，当孩子需要在大人的身上撒娇，需要得到关心时，这种渴望一旦成为一个泡影，也就导致他们身心上的问题，当我们去责怪懵懂无知的孩子时，这显得很不公平，唯有必要的是通过大人的努力，培养孩子有一个健全的人格融入社会。

个人资料

采写对象：小何（化名）

罪错性质：盗窃

年　　龄：15岁

文化程度：初中

爱　　好：打乒乓球

家庭情况：父母离婚，跟随爷爷奶奶生活，与奶奶感情关系好，父亲长年在外打工。

案件追踪

前科：曾因盗窃被拘留5天。

某日上午12时许，小何伙同他人，采取撬门、撬锁等手段，入室盗窃他人现金15000余元，小何得赃款12000元。

成长记录

好奇：破碎家庭的诱惑

3岁的时候，父母离婚，后来听奶奶说在他们离婚的前晚，父母吵了一架，具体是什么原因，我也没问过，反正大人有大人的一些矛盾。我跟爷爷奶奶在一起生活，在我不到10岁的时候爷爷去世，我就一直跟着70多岁的奶奶过日子。爸爸常年在外打工，一年都难得回家一次，有时候甚至两三年都难得回一次，我的生活里仿佛就没有父母的影子。这就是我的家庭，这样的家庭给我最大的印象就是破碎。

破碎的家庭自然无人能完全顾及到我，奶奶能够承担抚养和教

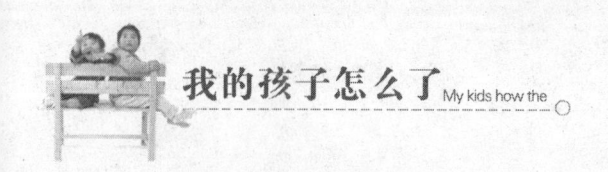

育起我的重担，我现在都觉得很不简单，使我总是有种对不起她的感觉。孩子缺乏自控能力，我也不例外，尽管奶奶总是教育我要遵纪守法，这种大概念的教条使我并不能落实到行动上。在我慢慢长大的过程中，在学校里就有了一些不良的习惯。

我从开始上学就是读寄宿，只有周末才回去。在学校里，那时候偶尔有几个同学翻围墙出去吃夜宵、打老虎机等玩耍的活动，每次都是背着老师行动，从来都不敢明目张胆，而且我也不太愿意与人交往。我的第一次经历是在上一年级的时候，那时候年少不懂事，我一个人偷偷地翻出围墙走在街上，碰到了邻校的一个同学，他是邻居的一个亲戚，他走亲戚时我们见过面，也算是认识。我跟他打了一声招呼，他"嗨"了一声，我们就走到了一起。他说："我们一起去玩好吗？"我想都没想就答应了。走着走着，我们看到了"兄弟网吧"就进去了。他说请我上网，我一时还受宠若惊。那时候我对电脑一窍不通，连开机关机都不太清楚，更别说怎样用鼠标和键盘了，他告诉我基本的常识和操作，并告诉我怎样玩一些简单的游戏。接着他告诉我怎样玩冒险岛游戏，屏幕上的图画就跟真人差不多，很逼真，我感觉来到了一个很神秘的世界。我就在网上玩了两个多小时，玩着玩着我不知不觉就对这款游戏产生了兴趣。我一时觉得自己真是没见过世面，认为自己以前真是肤浅，不知道这游戏竟然会有这么大的乐趣。我们边玩边聊，说了很多话，这样我也了解了他的一些情况，他就在我就读的学校旁边一所学校，正在上小学二年级，家也就在学校附近，每天走读。我几次从寝室都看到他背着书包从我学校门口经过，我时常在窗口喊他，他总是对我笑，然后说有空一起玩，我当时觉得与他的性情很相通，是玩得最好的朋友。我们相约了几次，跟他出去玩了几次，每次都能让我不断地长见识，学到不同的东西，对上网有了更多的了解。而学校宿舍晚上一般也不让学生出去，基本上都要上晚自习，而且还有老师巡查，而且，稍微晚一点，学校就锁了大门，进都进不去，但我会想尽一切方法出去上网。

网瘾：学习期间的魔手

由于我上网的次数多了，也懂得了怎么聊QQ，了解和玩过的游戏也更多，我常常与朋友在QQ上一聊就是大半天，也不知道自己都讲了一些什么，好像跟他们有说不完的话。到初一的时候，我对上网有瘾了，一心只想着游戏升级，仿佛升级快就能证明自己的能力，就能满足自己的心理。为了有更多的时候上网，有次我居然4个月的周末没有回家，让我的奶奶很担心，她害怕我出事而亲自跑到学校，见到我还在学校才放心地回去，其实她哪里知道我已悄然发生变化，根本没有心思上学。其实，我由奶奶一手带大，我知道她有几种严重的疾病，但一直没有人照顾，我当时感到很愧疚，何况，我还要让她为我担心，当时我的心理很复杂，心里很乱。

奶奶从来没有打骂过我，她只是对我说要好好读书，不要做坏事。她对我的要求并不过分，并不十分苛求我的成绩，说能够多学知识固然不是坏事，但能够有好的品格和行为才最重要，她说看着我健康成长她才安心。尽管奶奶对我这样宽容，有苦心的教诲，但是，在我上到初二学期，已经非常自由散漫，上课老是打瞌睡，晚自习不是偷偷跑出去上网，就是和同学们说话，在教室里走来走去，不但自己不学习，还影响了同学的学习。有时白天上课也偷偷溜出去上网，老师发现后喊我到办公室谈话，我一言不发，不敢说什么，也说不出正当的理由。还有就是周末我也不回家，跟同学或自己一个人独自去上网。因为长期旷课并且屡教不改等原因,我被学校开除了。以前老师到我家进行过几次家访,看着我的家庭经济困难,家庭环境不好,又只有我与奶奶在一起相依为命,怪可怜的,给了我很多次机会,但是我都没有好好把握与珍惜。学校的班主任和校长跟我谈过很多次话,我都当做耳边风,检讨书也不知道写过多少封,但那都只是一种形式,我根本就没有从心底对自己要求改变。我最痛恨自己的是,当时学校看着我家里穷,给我申请了困难补助,争取了教育基金的生活费,尽管有这么一些优待政策给我,但我并没有让自己在这份感谢中严格要求自己,最终因为自己的放任自流而造成这样的结局。

堕落:茫然生活的结局

看着我一天一天走向沉沦,家人和朋友都劝过我,叫我千万别走上违法这条路。可是,被开除之后,我茫然无知自己的走向,何去何从成为了脑海里很虚的概念。于是我只好每天在街上游荡,最后竟然会跟一个同学去偷窃。我永远记得第一次的情形,那个同学告诉我,他跟某家的小孩子关系好,知道他家大人几点钟去上班,我们可以几点钟去他家。我们在他家门口,用钢棍撬了2个多小时,弄得满头大汗,也不知道是累出的汗还是吓出的汗,我们在那个家里偷到1万多元钱,每人分了一半就走了。同学拿着钱去了学校上学,我拿着钱去了网吧。

拿着那些钱,我心里很高兴,叫上一帮朋友,请他们玩了一晚,很开心,我也并不担心会有什么后果发生。朋友们很怀疑地看着我,说:"你怎么有这么多钱?"我对他们支吾讲了一些,但都没有讲到具体的问题上,我不想让他们知道我是一个贼,然后我还买些烟抽

起来，我那会儿感觉自己就是一个大老板派头，神气得很。有了钱之后，我就去上网玩游戏，我还汇了两千多块钱给一个网号叫"七剑带练"的人，想跟他买一个高级别的游戏号，可是被他骗了，钱去了之后他就没有了音讯，我当时真是气得在网上到处找他的人，可是哪里找得到？我又去找人买号，我想赌一把，再骗一次就不买了，我后来买了一个200级的号，并且又充了300元点，在网吧玩

得分不清白天黑夜。在我玩得很爽的时候，警察来了，将我戴上了手铐，我看到我那个在我面前。他们从我身上搜走了余的了5000多元钱，我当时认为有7000多元，也不知道怎么用得那么快。警察问我的钱都到哪里去了，做了什么用，我稀里糊涂地说了一气，警察居然一一记了下来。可能是我年龄小的原因，我被拘留了十几天后，我姑妈将我担保回去过年，但不准到处乱走，每天只能待在家里，我在家里也不知道干什么，更不知道自己的事情有什么样的处理结

果，总之，那些天我也就是漫无目的。过了两个月，我被送了少年收容教养，在那里接受教育。

抱怨：为了明天的希望

我是到了应该好好反省，好好接受教育的时候了。在反思的过程中，我很恨自己，要是听话一点就好了，听话一点就不会如此胆大妄为干坏事；同时我也恨我的父亲，父亲从小就对我没有关心，他只是关心他自己，每次都是一走了之，不管我任何饮食起居和心理变化，我没有受过他一天的教育，世界上怎么会有这么不负责的父亲呢？到现在我真的不知道我是不是他的儿子，我也不知道他到底是怎样看待我的，他对我也没有什么计划和希望。父亲很少在家的几次，他不但没有给予我照顾，反而是让我替他做家务，衣服也要我给他洗，他在一旁抽烟，看着他坐一旁悠然自得的神情，我就默然地想："这也算是一个父亲？"很少在家的时候总是这个样子，一副游手好闲的样子，奶奶有时候对他有点埋怨，他一听就动怒，发脾气，他总觉得自己有理，说起话来理直气壮，声音大得吓人，对奶奶不怎么尊重。我有时候都想站在中间讲他几句，但看到他那样的表情，我也只好不吱声。俗话说"百善孝为先"，他连这点都没做好，何况对于我这个小孩子，他对我的关心可想而知。奶奶也总是很包容，希望他有一天会好起来，在性情上、性格上有所转变，用心投入到家庭上来。这并不全然是我站在奶奶一方来说这样的话，而是奶奶一直给了我这样的印象。

我开始从思想上认真来思考自己，以前我很不适应这样的生活，慢慢的我就想到一个人要不断地适应环境，毕竟，我们不可能一成不变地待在一个地方生活。我现在也在做一些习惯性的劳动，对那些任务我存在恐惧感，总以为自己不如人，后来，我知道事情一件一件做下去总会有结果，自己以后的路毕竟还很长，自己从跌倒的地方爬起来，仍然会是一个好孩子，好孩子应该不是从没犯过错误，而是在错误中明确方向，走得更远。但我还是担忧出去之后会不会受到歧视。毕竟，"好事不出门，坏事传千里"，我干了那么多的坏事，我是不是最终得到原谅，我也想，我的这些想法是不是多余，事实上，只要我真正重新做人，一切都会不一样，生活会更好。我也有理由相信，通过自己以后的努力，父亲也会改变，一家人会很和睦，那样我也知足了。

心灵启航

选择适合孩子的方法

有这样一个故事：一个心理学家在接待一位病人时，第一感觉是这个人非常自信、活泼。可是在谈话中才发现，他说话的声音很低，以至于要说好几遍别人才能听得清。他告诉医生："我都50多岁了，可是我每天都感觉别人在耻笑我。"心理医生听完他的话问："先生，您的童年是怎么样的？"他告诉医生："父亲从来不叫我的名字，总是冲我喊：喂，'小傻瓜'或'小笨蛋'，快把东西递给我。我常常对这种称呼感到羞耻。当家里其他人哄笑我时，我觉得更加孤立了。有一天我终于忍不住问父亲：'你为什么总要糟践我？'父亲却说：'我不是糟践你，我只不过是在和你开玩笑，这个你也不懂

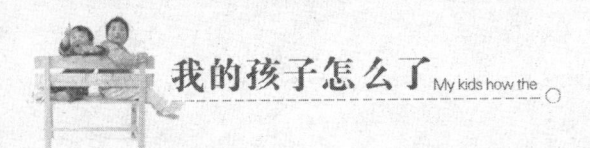

我的孩子怎么了 My kids how the

吗?'"心理医生听完他的故事说:"你的羞怯多疑心理疾病的起因,是父亲在你童年时的贬损性语言造成的。"父亲往往认为一句简单的话没有什么,可以随便说说,而孩子却不这样认为,因为孩子是从字面含义去理解那挖苦的话语或夸张的幽默。这种话对一个成年人说一说,多数情况下是无害的,但是对一个孩子说,却是很残酷的,而且也是很有破坏性的。

本案例中的孩子面对父母破裂的婚姻,年幼尚不能感觉到什么,但是,随着他一天天的成长,就开始表现出孩子单亲家庭的一些个性心理,比如待人接物冷漠无礼;又比如性格孤僻,内向自卑,桀骜不驯等,基于此,孩子通常都处于感情的半饥渴状态。在这种情况下,孩子的上网也就无形中成了寄托,这不是孩子变坏的主要原因,但自始至终他会发展为一个方向,因为监管不力,因为无所寄托,很多时候家长会说是网瘾的原因,但很多时候网瘾是家长逼出来的。处于成长期的孩子,他们认同并依赖家长,将家长的行为作为理性的成人典范,但父亲的做派,在孩子的眼中已经是黯然失色,没有一点示范作用,也起不到一点良好的引导作用,只是熏染在父亲错误的漩涡当中,时间久了,自然也就有了"身教",其实,可以看出孩子更理性地知道要尊老爱幼的伦理道德,这就不能不让家长来反思需要给孩子什么,哪些是家长缺失的,要怎样才能使他们正常成长。

针对孩子不顺利的成长过程,接受不健康的教育,建议家庭:

1. 选择适合孩子的教育方式。 对孩子的教育,没有绝对正确的教育方式,只有是否合适,是否有效的教育方式。家庭是一个互动的系统,而且都不是单一的成员,如果孩子一时很难改变,不妨家庭成员做一些改变，调整一些方法，而且能够温柔而坚定的坚持，让家庭的系统就会达到一个新的平衡，孩子自然会受到更有效的教育。

2. 帮助孩子了解周围的行为信号。有时候孩子不了解人们表达的情感和肢体语言，所以在交往时不能了解对方。比如有些温和的嘲笑实际上是表示友好，这也是很正常的，而不要不理不睬，只要对方不是伤害孩子的自尊心、自信心就行。

3. 分清是孩子的问题还是家长自己的问题。家长很多时候没有注意自己的言行，使孩子潜意识地进行了模仿，大人的不良行为习惯也就延伸到了孩子身上；还有的家长因为自己成长过程的愿望没有实现，总是寄托在孩子的身上，让孩子完美而不容许失败等，诸如此类的问题可能超过了孩子所能承担的压力。

第三辑
流泪的伤迹

带着满面的笑容
来到你的面前
犹如开满山间的杜鹃
高高举起红色的名片
告诉你春的消息

树叶支起绿色的耳朵
布谷鸟也飞来聆听
孩子的美妙世界
躺在梦的摇篮
或者你弯起的手臂

一切悄然改变
如同一场雨
将满山的花儿打落
挂在残花上的是泪
滴在心尖上的是血

谁来安慰
那颗疼痛的心
如果哭过便可忘记
请今天将泪流干
一起幸福走向明天

13 为了家庭的情债

采写手记

　　这是我采写过程中最调皮的孩子，其实，在我的观念里，我一直不敢去触动"调皮"两个字，或者只是认为他聪明，有个性才会有活泼的表现与行为。他毫无羞涩与怯意地坐在我对面，我不时地问话，他没有沉思，更没有疑惑，使我相信这样更能表达孩子内心的直率、坦荡；用他自己的话说，他经历过太多世事，有过感动，有过失落，有着他的依赖和希望，最终他没能走出自己那个坚守的"道义"，在"道"与"义"的理解里，带给他的却是无尽的伤痛，而这种伤痛被谁触碰？被谁安抚？

个人资料

采写对象：小汤（化名）

年　　龄：16 岁

罪错性质：寻衅滋事

我的孩子怎么了

文化程度：初中

爱　　好：看书、打篮球

家庭情况：父母在家务农，与伯伯、爷爷关系正常。

案件追踪

某日，小汤伙同他人在某网络休闲会所上网时，无理要求在网吧上网的小苏将电脑音箱给他用，遭到反对时，小汤和几个同伴对小苏一顿拳打脚踢，致小苏轻微伤。随后几天，小汤为给朋友"帮忙"，几个人一起将小伍殴打成轻微伤。

成长记录

冲动惩罚，在责骂中辍学

从小到大我经历过不少事，一件一件历历在目。小时候，我是个很听话的孩子，因为我有一个温馨的家庭，有爸爸妈妈的关心与疼爱，还有一个大我两岁的哥哥帮助与照顾我，一家人过着幸福的生活。那时候每天去学校上学都是从家里吃完早餐去，而我妈妈总会给我几块钱买零食或其他东西，比起别的同学，我觉得自己很幸福。

可是好景不长，自我上初中以来，我跟着一些不听话的同学在外面混日子，家人又无从知道我上学究竟干了些什么。于是，我再没有认真地上过一天学，老师说东，我就往西，好像自己很了不起，在学校越是跟老师作对，我就越是觉得在同学面前很够面子，很够威风，很够气派。那样，很多同学都会怕我，这种感觉会让我更来劲，于是没事也要找些人来打架，显示自己的不平凡，以致有一次我们初二的学生和初三的学生发生了群体打架斗殴。有一天下课铃刚响，初三的几个学生拿着凳子和石头从我们班教室后门冲了进来，当时老师还在上课，他们一进来就动手打了我一个玩得最好的同学，当时他流了很多血（那是我第一次打架见到血），并一个劲地往外逃。尽管老师大声叫嚷着不要打了，但我看到很多同学都跑出去，将走廊围得水泄不通。我围在最前头，只见那几个初三的学生拿着石头在操场上追我同学，当时我很想去帮忙，可还是有点怕，我身旁一个同学对我说："汤哥，你跟他不是好兄弟吗？怎么不去帮忙呢？"当时我不知道从哪里来的勇气，拿起随身携带的水果刀冲下楼，也不知道怎么回事，在追逐过程中那个初三的学生突然间摔倒了。我本来没打算砍他，可是周围几百名师生的眼睛都在看着我，我在想，如果我不动手，别人一定会说我是孬种，想了又想，我还是动手砍了他几刀，真的动了手之后，我心里忐忑不安，知道自己犯了大事。

　　果然，事后学校通知了家长，我看见爸爸就好像老鼠见了猫，问什么答什么，都不敢吭声，就这件事，老爸帮我赔了6000多块钱。在今后的日子里，只要我有一点点小错误，我妈就会这样骂我："为了你，花了那么多钱，你还不懂事，真是个败家子。"她这样经常骂我，使我对家庭特别反感，我告诉自己以后再也不会要他们一分钱，我欠他们的一定会还他们十倍、百倍，不让他们小看我，之后就到学校退了学，几个玩得非常好的同学也和我一起退学了。

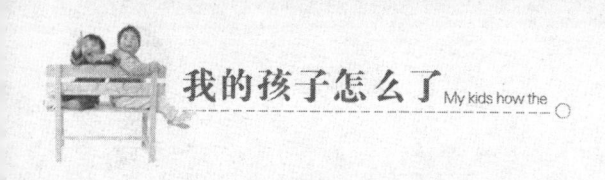

挨打受辱，在闹事中结伙

14岁那年下半年，我和几个玩得好的同学相约来到社会上，也就是我们那里最繁华的工业园，刚刚来到社会什么也不懂，别人稍微对我们好一点，我们就感恩得不得了，好像欠他什么似的，也许这就是当时的江湖义气吧！当时的社会非常复杂，基本上每天都可以看到打架，8月的一天，我永远都忘不了那一天的晚上，我跟我几个玩的好的同学去上网，在进网吧门口时，一群比我略大点的年轻人，他们肩并肩和我走的时候，一个人晃晃荡荡碰了我一下，其实我知道对方是故意来撞我，我看了他一眼，可我没想到他居然抓住我的衣领对我说："怎么啊，小子，不服气吗？不服气可以搞我啊。"那时候我非常生气，在学校我从来没有受过这样的气，也没有人敢这样对着我大呼小叫，一怒之下我就跟他们来的几个人打了起来，我们几个都是空手的，他们中间突然有一个拿着烟灰缸朝我冲了过来，对着我脑袋就是一下，打得我头晕眼花，这也是我进入社会后的第一次打架就打输了。我们发誓从今往后绝对不会再让自己和兄弟挨打了。就在这个时候来了一个年轻人，他脸上有一条刀疤，看上去像一道蜈蚣，很吓人。他给我们每人开了一支烟，然后对我说："小兄弟，出来混有这种事也是很正常的，但是凡事要靠自己，要在这里站住脚只有一点：要狠，只要你狠，就不会再有人来找你们麻烦了，因为他们都怕你，有兴趣的话就跟我吧。"我们就这样跟了他，后来我打听了一下。才知道他叫"红矮子"，在这里混得很好，有什么事，派出所都不会处理他，因为他有钱，结识了当地很多朋友。

从此，我们几个不懂事的孩子整天跟着他打打闹闹，他喊我们打谁我们就一窝蜂地上,也不考虑后果。短短的一个多月,我们进过派出所几次,但是每次都让他给保释了出来,慢慢地我们结识了更多跟我们一样的小混混,但是后来我认为这也不是生存的办法,也不是长久之计,于是我就离开了他们。

异地谋生,在求助中出手

离开他们后,当时我很失落,不知自己去干什么或能干什么,毕竟,混了这么久没有考虑过以后,更没有考虑过自己的生活,成天就只会打架。我跟堂哥来到重庆,因为在重庆我有亲戚,嫂子的姑妈是一家工厂的老板。

在重庆的几个月里,我学会了很多东西,每天早上8点钟上班,晚上8点多下班,让我明白了父母挣钱不容易。过年的时候,别人都是一家人在一起吃团圆饭,开开心心地过年,可是我呢?不是不想回去,只是我梦想能够挣很多钱回去,因为我不想让别人看扁了。时间过得很快,在重庆有五六个月了,可是我仍然没有赚到钱,我开始灰心了,绝望了。那个时候,我接到以前的兄弟的电话,他说他被别人打了,叫我回去,当时我劝他说:"我们现在是好人,不再是以前的混混啦,能忍的就忍。"他对我说:"你是不是兄弟,看着我被别人打,你不帮忙吗?"因为我是个非常讲义气的人,听了他这番话,不知道怎么了,我的心又被他从光明中拉到了黑暗。第二天我在工厂辞了工买了火车票,回到了工业园。刚到工业园,他们六七个人就在等着我,喝过酒后,他们把事情跟我说了一遍,然后我们每个人拿起一把砍刀,来到一家酒吧,刚进去就看见一个染头发的人在蹦迪,我兄弟指着他对我说:"就是他。"那个人看见我们冲进去,马上就跑,我跟着追,追上去就砍了他几刀,当时我嘴里还在骂："敢打我兄弟，还打不打，还打不打？"然后我们这边几个人又追上去，足足砍了对方三十几刀，血流一地。事后，我们一起逃离工业园，去了广州，在广州的一段时间里，我们想了很多事，后来大家意见一致又回到了工业园。

那时，当地派出所每天在找我们，我知道总有一天会被抓住的。果然，有一天我跟以前的老大在喝酒时，派出所几个便衣冲进来把我抓住了，我很快被送进看守所。在看守所里关着很多跟我一样大的孩子，他们也跟我一样，因为一时的冲动和鲁莽，再加上社会上的一些不良影响或是家庭原因犯下了罪错，换来了短暂的亲情隔离、家庭破裂，虽然在看守所待的时间不长，只是短暂的，但是影响了我一辈子的幸福，包括我的前途和未来。

亲情感动，在后悔中感悟

在看守所里无所事事，受尽时间的折磨，后来有一天看守所的警察叫我接见，当时我还以为外面那些讲义气的兄弟，当我走进接见室时，看见电视屏幕上出现的竟然是爸爸妈妈，他们看见我眼泪忍不住流出来了。那天我看到了父亲第一次哭了，从我出生以来，那是第一次看见我爸爸流泪。我的心好像一下子停止了跳动，鼻孔好像被东西堵住，喘不出气了。父亲对我说："儿子，不用担心，爸爸一定会帮你，不会让你在里面受苦。"我听了这些更加难受，我没有说话，自顾自地流泪。

回到监室后，我很冷静地想了很多，出去以后，我一定要听话，我再也不要见到爸妈为我伤心，为我担心了。转眼间4个月过去了，有一天老爸来接见时告诉我说，你一定要坚持下去，爸爸花钱替你找了律师，找了关系，你年纪小，开庭会有一个满意的结果，不久你就可以出来了。那天我看到爸爸笑了,而且笑得很开心。后来法院开庭了,我被判了5个月拘役。

从看守所出来后,我想改邪归正,跟着爸爸去了长沙做事,那段时间我很开心,虽然每天要做事,但是有爸爸的关心和照顾,让我觉得有家的温馨,让我体会到了真正的幸福。有一天我听到老爸跟我说:"你知道上次那件事花了多少钱嘛?一共是4万多块。"当时我有点呆了,对于一个并不宽裕的家庭来说,一下子拿出这么多钱不是一件容易的事,更何况我还有个哥哥在读大学,我问我爸:"我花了这么多钱,哥哥又要读书,您到哪里弄这么多钱呀?"爸爸告诉我:"你哥哥不读书了,你哥哥说如果他去读书了,弟弟怎么办啊?做哥哥的不能让弟弟受苦的,所以他去参军了。"从那刻起,我真正地敬佩我的家人,我知道了原来他们都对我这么好,我发誓我一定要发财,一定要孝顺他们,因为我欠他们太多了,永远都还不清的。

我的孩子怎么了

一个月以后,我抱着发财的梦想,再度回到了社会上跟别人一起开起了赌场,专门放高利贷,刚开始我们说好不惹事,绝对不会跟别人打架,可是日子一长,事情一多,什么都忘了。有一天,我和兄弟一起去问债,跟别人发生口角,吵了起来,后来我们又拿起了刀和别人打了一架,虽然没有人受伤,但是因为我们经常在工业园那一带打架闹事,最后我被劳动教养一年。至此,我才知道一辈子该干什么,不该干什么,这么多年的打打闹闹、游游荡荡,我总算领悟到了应该怎样做人,怎样处事,出去以后怎样才算好好孝顺父母,或许平安是福。

心灵启航

释掉心灵的包袱

"望子成龙,望女成凤。"这是每个家庭,每对父母对下一代的希望,但是,在面对孩子的不听话,不乖巧,不按自己的计划和思路走时,家长往往会认为孩子真是不懂得为父为母的良苦用心。或许孩子是真的不懂,或许他们已经懂得,但觉得家人给予的不是爱,不是关怀,而是压力,而是强加于人的生活方式。事实上,孩子喜欢自己的方式,不管那种方式是走向正确或是错误的方向,这其中,只是家长没认真了解过他们的心理,不理解他们,导致他们越走越远、越走越迷茫。

本案例中,孩子打了架、赔了钱,父母的"恨"就出来了,孩子就成了发泄情感的载体。孩子本来就知道自己犯了错误，他知道对不起父母，欠下了父母很多，希望得到家人的理解，可是，家庭在为他解决问题的同时说的一些话，让孩子找不到一点自信，感觉不到那是信赖和依靠。这种来自父母的不理解，来自家庭的压力，带给孩子的是沉重、是失望，以至他觉得是自己拖累了家庭。不和睦的家庭存在着很多的因素，当孩子在家庭里找不到慰藉时，他只有相信自己，他的相信虽然有点盲目，那是因为他们还不太了解社会，不太了解人生，那是他们看到社会的表层所作出的判断，家长有理由对他进行指正，小心地去纠正他的这种思维，因为每个人都是这么过来的，从无知到有知，从有知到明晰，从明晰到实践。父母讲过一些伤人的话，孩子觉得家人是在嘲笑他、责骂他，于是他在朋友那里去找回自己的信心，因为朋友是一个年龄阶层，沟通起来就容易得多，他也就信赖他们，认为碰到困难自己挺身而出是天经地义、义不容辞，于是，他们会在这种观念的引导下走向违法。一个孩子的成长过程中，没受过责骂几乎是不可能的事，但是如果一次责骂，或者家长对他的苛求远远超出了他的接受能力，那么这种背道而驰就值得深刻反思。

针对这种个性独特、自我意识较强的孩子，建议家庭：

1. 认识孩子的"不听话"。 很多时候，家长总以为孩子没有按他的方式发展，那是孩子大了不听话了，事实上，听话是什么概念？一代人有一代人的思考，一代人有一代人的价值取向，孩子认识新潮的东西很多，如果家人再谈一些过时的东西，孩子会反感，眼睛眨都不眨一下。回过头来说，孩子理解家庭的付出时，家长不可三番五次进行强调，说多了让孩子觉得他是家里的负担，孩子觉得拖

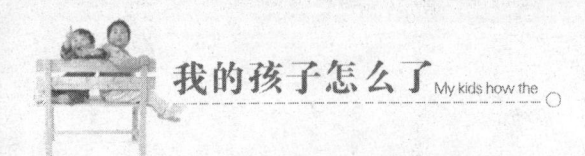

累了家人，从而可能选择极端的方式逃避亲情，寻找自己的一个自由空间。

2. 尊重孩子的独立性。面对问题，孩子也有自己独特的见解，愿意让自己作为独立的个体需要来承担责任。如果家人牢骚满腹，只有对孩子的不满意，孩子就会去尝试自己的成功，以此证明给家人看。在他们去成功的路上，或许错误地理解了"成功"这两个字。但家庭在他们的心中也许仅仅成了一个他们栖身的建筑，而不是他们思想交流的场所，就像一间教室里上着自习课，没有老师的指导与教学，教室里难免里会有不守纪律的同学，甚至还会影响别人学习的同学，这样的课堂对于并没有多少自控能力的孩子来说，就没有实际的意见。

3. 讲究互动的效果性。家庭是孩子成长的第一课堂，父母是启蒙老师。家长是成长中的孩子的综合性老师，将各种教师的职责"兼职"于一体，或者并不能传授更多的知识，但在明辨是非曲直方面起到不可忽视的作用。每个家庭成员都要发挥他的作用，培养一个孩子不是一个人事，而是一个家庭的共同努力，那么，在这个过程中，家庭课堂既要父母起领导作用，又要有互动的过程，让孩子也积极地参与进来，对一个问题，不是父母说了算，要尊重孩子的意见，让孩子的意见得到充分的接纳和梳理，这样才会让家庭活泼起来，才能有一个健康向上的环境。

14　孤独的学习之旅

采写手记

　　一个成绩优异的孩子，原本是能够隐约看到他灿烂的未来，可是，一切总在意料之外。我无意去指责生活中的谁是谁非，但当我与孩子面对时，当我知道这样一个学习的过程，带给他的不知道是幸福还是失落时，说实话，我看不出这个孩子有什么选择的权利，他只是在生活中扮演着一个载体式的角色，在对父母的敌视中可以看出他的个性，也可以看出他的毫无主张，于是，他会困惑于学习的过程，会漫不经心地在学习与玩乐中寻找心灵所向。一个孩子要去找到生活的答案很难，所以他在反反复复中决策，自己到底是需要上学还是不需要上学，在心灵的彷徨中不停地拷问自己与家庭。

个人资料

采写对象：小朱（化名）
年　　龄：18岁

我的孩子怎么了

罪错性质：抢劫

文化程度：初中

爱　　好：上网、打球

家庭情况：父母做生意，跟随父母在外地生活，两个姐姐在外地打工，家庭生活条件一般。

个案追踪

某日，小朱携带一把"管杀"（一柄金属圆管内藏着一把刀的器具）在某网吧附近，采用威胁方式对学生进行搜身，抢得4元。第二天又在某学校前，将藏在衣袖内的"管杀"露出来，并采用掐脖子的方式对学生抢得现金30多元，在再次抢劫时被警察抓获。

成长记录

我在长沙出生，出生一年后，爸爸妈妈将我送到乡下的爷爷奶奶家，随后的5年，我一直是跟爷爷奶奶生活。父母在长沙做生意，一年也就回来看我两三次，那时候我觉得自己十分孤单。

我6岁的时候，父母在长沙有了固定的住所，将我接到了长沙上学，每天都是爸爸或者妈妈接送我上学，那时，我的成绩很好，老师对我好，父母对我也特别怜爱，他们很多事都会随着我，知道我会很用功地学习。到五年级的时候，同学常去打游戏机，我也加入到他们的行列，有时候玩得高兴便忘记了上课，于是也就有了第一次迟到，有了第一次旷课，最后我们有时候一个下午也不去学校，由于长时间这样心不在焉，学习成绩一路下滑，这期间父母对我很放心而并没发觉。到了六年级，同学由玩游戏机变成了上网，我也开始跟他们去网吧，我们都是几个人一起去，玩得相当得好。

反复择校的风波

小学毕业考试完之后准备分学校，当时有两所中学可供选择，一个是比较好的中学，一个正好相反，教学质量差，而且环境也不好。每个人都想去好的学校，但是我的运气不好，或者也是成绩不突出的缘故，我被分到了差一点的学校。妈妈怕我在差学校变坏，主动跟爸爸商量，说是想办法要将我送到好一点的学校，父母达成一致意见后，花了点钱就将我送到了那所好一点的学校。其实，那学校也谈不上是什么名校，只是比起差学校还是要高一定档次，虽然我到了这所学校，但我的心理落差大，还是有一点自卑心理。开学第一学期，我基本上没和同学们讲过多少话。一次在上体育课，几个同学在玩篮球，我问可不可以一起玩，他们欣然接受了，后来我就经常和他们一起玩，玩多了就清楚他们只知道玩而不太专心学习，尽管如此，但在玩的方面我们还是有共同的兴趣，久而久之我们由一起玩篮球到一起上网，一起抽烟，还一起打架。学校里的同学基本上都认识我们，我们觉得那样很有面子，以为很威风。由于我玩心重，所以成绩到初二就不行了，家人知道后就对我说："你成绩这样差了，如果不补救，你就难跟上了。"我听了也不知道说什么，他们接着说："我们已经商量过了，初三你就不要读了，先留一级，再读初二，换个学校。"我当时极力反对，但最终在家人和亲戚的劝说下我只好点头答应了，然后父母将我送到爷爷奶奶那儿上学。

新的学校，新的环境，没有熟悉的人，我感到异常的孤独。那个学校是封闭式管理，我哪儿也去不了，使我心情十分烦躁，脾气变得越来越不好，在学校里总与同学发生争吵，有时候为了一点小事也与同学打架。后来，我在班上结交了几个朋友，关系相当好，有什么活动他们总会叫上我，我们也常在一起打球和学习。一次，班上有个同学与初中三年级的同学发生了争吵，上课铃响了，那个人对着我的同学说："下了课你等着。"下课后，那个人果然带着几个人闯进来，指着我的同学说："就是他。"然后，他们一窝蜂地拥上来，将我的同学往外拖，我那同学死活不肯出去，我跑上前问怎么回事，初三那同学什么也没说就踢了我一脚说："滚开点。"我一看到这架势，怒气就往上冲，对着那人就是一拳，他们那些来的人就围着我打，我们班的同学就过来帮我的忙，一时拖的拖，打的打，乱成了一锅粥。班上的女同学就喊不要打了。我被一群人推推搡搡给弄了出来，往里面挤不进去，我便拿起门角落的一个撮箕对着初三同学的头砸去，只听得"嘣"一声，所有围着的人都散开了，我看见那人满头是血往外跑，然后说："你等着。"这件事情被老师知道了，他将我们几个打架的同学叫到办公室大骂了一顿，骂完之后让我们叫家长来。

　　过了几天，父母从长沙赶了过来，给那人赔了医药费，学校看到这样的情形给我记大过的处分。但从那以后，班上的同学看到了我的勇敢，与我的关系更好了。学校处理对我是个不小的打击，我上课再也无心听课，基本上是上课就睡觉，有时候老师将我叫醒，让我站在那里听一会儿又叫我坐下，这样的次数多了，老师也懒得叫我了。就在初二下学期，父母来接我，老师对我父母说要让我退学，父母说了很多好话，但校方坚决不同意我留在学校，见到这种情况，我对父母说："我不想读书了。"父母没有对我说什么，也没有再去找学校了，我知道他们是默认了。没有去上学，闲下来的时间就特别多，我无所事事，整天上网，在网上认识了不少朋友，有事没事总爱跟社会上的朋友玩，跟他们去酒吧，一起唱歌。我从一天不回家到几天不回家，刚玩的那会儿觉得很开心，但慢慢地又厌倦了这种生活，开始对学校有点怀念。

重返学校的困惑

　　我跟父母说我想读书了，父母商量好了之后说："你现在还小，如果不读书，就算做事也没有人要。"他们送我去了一所中学，考虑到我初一成绩还好，再读初二或许跟得上去，我就只好又去读初二。那学校也是封闭式管理，但每个星期六都有休息，我基本上休息时间都回家，不过是在父母面前打个转身，然后就走了，跟着社会上的朋友玩去了。在学校里，我还是上课就睡觉，有时候和同学旷课去打篮球；晚自习就看看小说，有时候干脆不去上自习，父母经常会被叫来做我的思想工作。那时候，我经常看到学校里有成双成对的男女，每天晚自习后在操场跑道上散步，我却老是一个人回到寝室，一个人无聊地在窗户旁边张望，心里极不平静，我也决定找个人谈恋爱。上课的时候我就给一个女同学传纸条，说我喜欢她，而她回过来的纸条让我傻眼了，她拒绝我，问她为什么，她说不为什么，我一时无语，但过了不久，她又说喜欢我，经过我们一来一往的纸条传情，我们终于走到了一起。初三快毕业那期的五一劳动节放7天假，那几天我天天在外面玩，妈妈问我这段时间究竟在干什么，快毕业了天天在外面玩。我什么也没说，但当我向她要钱的时候，我妈不肯，以致我和她吵了起来，我一气之下冲了出去，我妈说："出去了就不要再回来。"我说不回就不回。走到一个十字路口，我发现我妈跟着我，等她过来的时候问我回不回去，我坚定地说：

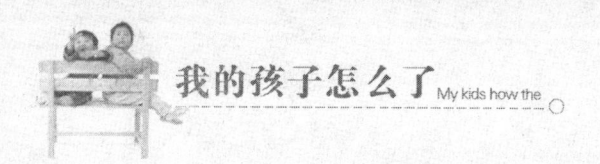

我的孩子怎么了 My kids how the

"不回去。"她说:"那好,你把家里的钥匙交出来。"我便把钥匙交给了她,头也不回地走了。那期间我天天上网,同学知道了都劝我回去,班主任也从同学那里要了我的QQ号,叫我一定要回去参加毕业考试,他还说了好多好多道理,他说的话我一句都没听进去,

他反复强调6月12号一定要加考试。那时候我玩得正起劲,根本就没把这件事放在心上,到了6月17号,我玩得身上没钱了,借都没地方借了,我只好低着头回家了,这次出乎意料的是父母并没有骂我,只是和我说道理。在反思中我觉得自己做得太过了,然后我跟父母说:"算了,我不读书了,读书也是在浪费。"父母见我对读书死心了也就没再说什么。

工作出事的落魄

起初我在家帮忙做点事,但后来我发现父母特别的啰嗦,一点

小事就对我大呼小叫，我受不了就决定出去做事，我父母给我一个月工资后让我出去找工作，找了几天我没找到合适的工作。上网的时候碰到了我表哥，他说在一家汽车美容公司，我请他帮忙问问他老板还要不要人，老板答应了，我准备好好干下去，可是在领工资的前一天，表哥和顾客吵了起来，我上前帮忙，我抓起地上的一根棍子对着那人的头就是一下，几秒钟就看见那人的血从头上流了下来。我决定工资不要了，衣服和日常用品也不拿了，和表哥赶紧跑了。

后来，我一直和表哥在一起，身上没钱了就找朋友、同学去借，然后去网吧上网，过了一个星期觉得还是要找工作，但始终没找到事做，身上连吃饭的钱都没有了，实在没办法了，我就对表哥说："想办法去弄钱。"我们商量着去抢，一拍即合地去了一所学校门口，看到一个学生过来了，穿着名牌，手里拿着一台手机，我们跟着他走了十几分钟，我看到没什么行人了就走上去说："朋友，借点钱用。"那学生不肯，我和表哥对他一顿猛打，然后抢走了手机和学生身上的钱。玩几天之后身上又没钱了，我们又干了几次。表哥很担心地说："这样总不是办法，要是抓住了就惨了，我们找事做去吧？"我那时玩游戏正在劲头上，说："要去你去。"表哥说："这样下去不行，你要么找工作，要么回家。"我哪里管那么多，继续玩游戏，正在这时，我的朋友在QQ里约我去酒吧，他见我居无定所，就说住他家里，我正求之不得。玩得疯的时候，他告诉我他与人发生了矛盾，与别人约了打架，我二话没说，帮他找了几个人，带上家伙去打架，对方看我们人多就吓跑了。那时候我除了打架就是上网，一旦没钱了我就去学校边上等有钱的学生，我身上带把刀，只要他们不肯或有反抗，我就会拿刀吓唬他们。几次之后我都顺利地抢到了

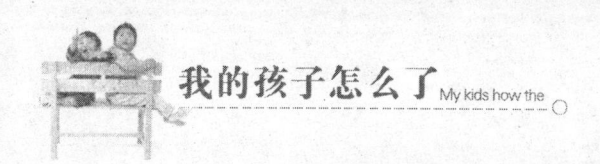

钱，我觉得这样来钱很容易，可是，有一次我从网吧出来，就被一群高中生按住对我一顿乱打，然后报了警将我送到了派出所，最后被送了一年劳动教养。

几个月过去了，我想了许多，都是自己不知足、爱逞强，父母其实对我很不错的，而我总喜欢和他们对着干；社会上的朋友，我以为他们一直是关心我的，现在才知道，他们叫我帮忙打架，借钱给我，其实都是害了我，也怪我自己不知道怎样控制自己的情绪，延误了自己的一生。

心灵启航

重视孩子的举动

父母在不经意之间，或许对孩子的管理已经产生疏忽；孩子的想法或者举动，也在不经意之间已经远离父母。在一些事情上，父母往往大意了，没有及时发现孩子的想法和举动。家长的疏忽不仅仅是对孩子的行为举止，更多是在重学习而轻道德，许多专家在审视近一二十年的家庭教育时，认为其中的一大误区是重智轻德。在我们的生活中，随时都可以见到这样的情景：父母们聚到一起，交谈中如果涉及孩子，问的第一个问题都是关于读书方面的，比如，你的孩子在哪个学校读书？如果对方报出的是一个重点学校，问话者就会用一种羡慕的口气说："噢，那你就不用为孩子操心了！"在许多家庭里，孩子不用做任何的家务，只要把书读好就行了。然而，一个人仅有聪明的大脑或优秀的成绩是远远不够的,各方面都应该共同发展。

本案例中的孩子,孩子心不在焉地学习,成绩一路下滑,父母一概不知,而且一直受以前孩子优秀的表现蒙骗,自己给了自己错觉。可能,我们的家长往往只是去注意孩子成长过程中取得的结果,并不想过多地干预过程,这是给孩子空间,也是现在很多家庭的做法,但是,在孩子有些反常表现的时候却没有来得及阻止与引导,或者没来得及发现,后果已经酿成,甚至导致无法补救。孩子在学校里一直很不顺心,有压抑、委屈、自卑,矛盾的心理一直没有得到有效化解,特别是与母亲吵架负气离家,母亲知道了孩子的反常,她不是阻挠不了,也不是劝阻不了,而是她没有往这方面去努力,只是她的脾气与孩子的脾气碰撞到了一起,形成了类似于两个气球挤压在一起的爆炸。孩子没有考虑母亲的感受,母亲更是疏忽了对孩子这样做的补救措施,也疏忽了这样做对于一个孩子产生的后果。

针对家庭漠视孩子,疏忽孩子举动的错误,建议:

1. 尽量多抽时间陪孩子。家长应该多关心孩子,平时多抽些时间从生活上、学习上、心理上对孩子进行必要的体贴,特别在孩子需要帮助的时候,首先伸出双手的是家长。如果对家长问这样一个问题:"你忙吗?"估计有80%以上的人都会叹一口气说:"忙。"但是,最忙也要留时间给孩子,必须在孩子身体和心理上给予重视,充当他生活的依赖和坚强的后盾,只有这样,孩子不会觉得自己孤立。调查资料显示,由于年轻父母工作忙、压力大,致使31%的未成年人享受亲情的时间过少。教育专家称,父母疏忽与孩子的情感交流,会导致孩子心理发育出现偏差,影响他们的健康成长。

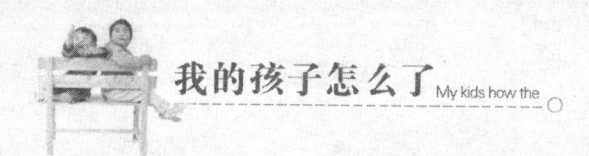

2. 参与孩子的兴趣爱好。 将孩子当成同辈，讲话语气平和，不要居高临下，多了解成长期孩子的困惑，跟他们一起想问题，一起寻找答案，甚至可以和他们一同游戏。孩子感兴趣的事，他们才会愿意去做，也会要求父母来参与，在参与的过程中，父母可以将他们的错误指出来，这样不至于让孩子感到是在批评自己，更不会拒绝改正，相反，让孩子觉得家长是在重视他，在乎他，他是家庭中重要的一员，而不是被家长领导的一员。

3. 认真对待每一个细节。 父母教育孩子必须抓住每一个小环节，告诉孩子什么是对的，什么是错的。孩子的心灵是脆弱和敏感的，不要觉得他们是孩子，什么也不懂。日常生活中的每一个细节，对孩子的成长来说，可能每件都是大事。从小事做起，长期坚持，从根本上触动孩子思想的神经，从生活中点点滴滴的小事情、小细节做起，把小事做细。例如：从生活、学习、爱心、道德、责任、品行、安全等方面注意细节教育，让这些细节形成习惯。习惯的养成，反映在"天下难事必作于易，天下大事必作于细"。细节形成习惯，习惯养成无小事。

4. 处理好孩子的人际关系。 每个人都会有各种各样的社会关系，生活在纵横交错的人际网络中，父母应该教育和协同孩子处理个人和他人、个人和集体、个人和社会的关系，以及在不同的关系中，让孩子正确摆正自己的位置，学会与人交往和相处，因为人的生活离不开人群，离不开社会，人不可能像鲁滨逊那样生活在孤岛上。如果孩子有所偏离和缺陷，在今后的生活道路上，不但不能充分发挥自己的智慧，还很可能会走上歧途。

15 是谁给了我伤痛

采写手记

这是个年龄看上去很成熟的孩子,他平平淡淡地走近我,坐下来,阳光从窗口飘进来,像一片白色的羽毛落在他的身上。他没有忧伤,也看不出那张青春的脸忧伤过。不知道一次离家出走、几次被抓的经历,对于这样经历的孩子是复杂还是简单,但我想,这种时间的打磨,是不是更能让他思考一些什么。他想抽支烟,他说烟是他的寄托,烟雾升腾起来一缕或几缕,很好看,他并不感到烟真的能给他什么,但他喜欢这种方式。如果这是一种理由,我想一个人在一个城市,在繁华褪尽,他的孤独显而易见,而又有谁会知道他的委屈?

个人资料

采写对象:小高(化名)

罪错性质:盗窃

我的孩子怎么了

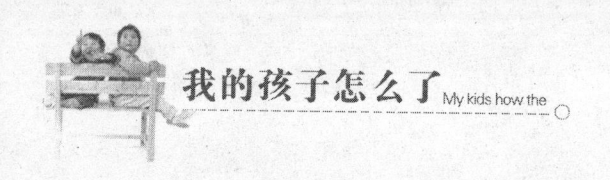

年　　龄：15 岁
文化程度：初中
爱　　好：无
家庭情况：父母在家务农，跟随外婆生活，家庭情况一般。

案件追踪

前科：先后因盗窃被劳动教养一年和被判有期徒刑一年。

某日凌晨，小高伙同"小猪"、"方伢子"窜至长沙市某市场的停车坪，盗得一辆本田CB125T两轮摩托车，价值3930元，准备骑走时被群众抓获，扭送至派出所。

成长记录

环境影响的情绪

在老师的眼中，我是一个乐于助人、好好学习的孩子。从我5岁进入学校上一年级起，我想我一定会好好读书。我上课认真，一年级的时候考了全班第一名，奶奶知道后笑得合不拢嘴，带着我去买糖吃。得到了奖赏，我的心里更加高兴，更加想学习，我立志一定要更加努力学习，成为大人心目中更加听话的孩子。

在读二年级的时候，我住在外婆家里，那里的学校是完全陌生的，当时，我看那个村的人都像怪物一样，说的话不怎么好听，动不动就骂人，我对那个村子完全是厌恶的。在学校里，课堂纪律也不是很好，学生讲话的声音有时比老师讲课的声音还大，我听到老师对讲台下说得最多的一句话就是:"不要说了!"我在外婆那边读书的感觉一点都不好,导致不到一年时间,我的成绩就跌到了十几名。我记得当时爸爸给外婆打电话问我成绩,外婆说好。等到了第二年,我就开始跟同学打架,对学习就更加疏忽了。那时候放学后看的电视也多,学习一些不三不四的画面镜头,我有了自己的理想,而我的理想竟然是做黑社会老大。从此以后我更是模仿黑老大,也无心读书,考试成绩每况愈下,到了二十多名,全班才四十个人。外婆问我怎么变得这样了,我说:"题目不会做,我也不知道。"其实,我心里明白,平时没认真学习,哪会考得好!

不知道什么原因,在我读四年级的时候,我又被父母接回了奶奶家。起初一段时间,我还是很老实地上课,放学也不到处逗留,但过了几个星期,还是萌发了不想上学的念头,我开始逃学,老师发现后跑到我家里告诉了我奶奶。那次,我想不到放学后奶奶给我吃了很多好吃的东西,然后语重心长地对我说:"你年纪小,要好好学习,不能逃课,听老师的话。"我当时很惊讶,点了点头,毕竟我也不想让他们担心。但我的父母知道我的事情后,他们狠狠地打了我一顿,他们出手很重,打得我很痛。我当时想,我既是做错了,你也不要打得这样狠,到底我是不是你们的儿子?打得我到处乱跑之后,我就在想:我一定会报仇。我的报仇:一是以后要反抗他们;二是我现在就不按他们的想法去做。于是我天天逃学,不是跟同学打架就是跟老师打架,我父母知道后打得我更加厉害,父亲操起一根木棍就往我身上扑,我伸手一挡,小手红肿了好几天;母亲还在一边装腔作势,我看着他们就像一对凶恶的人对一个弱小者的施暴,我认为这个家是没法待了。

我的孩子怎么了

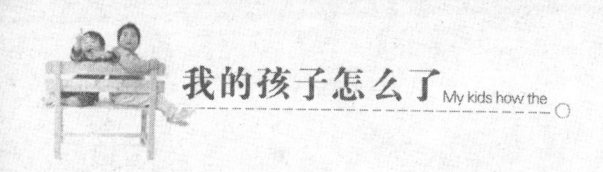

暴力导致的出走

我跟他们变得时不时吵架，他们骂我打我，我就在外面流浪，不回家，学得比以前更坏。我约一个同学去玩，被我父亲碰到，我一溜烟地跑到了山上。天黑了，树林里不知道有什么鸟叫，我感到异常地害怕，但我就是最害怕，也不想回家。我跑到一个女同学家借钱，她问我借钱干什么，我说："我要离家出走。"

她说："父母打你也是为你好，没有这个必要。"

我说："哪有这样的父母？他们怎么对我这样教育？他们不跟我讲道理，只知道打人，你说我不这样能怎样？"

同学从他父母那儿偷了二百元钱给我，当时我好激动，对她说："我长大了一定找你。"

她对我说了些安慰的话，也劝了我一些，但当时我只有一个想法：出走。我拿着钱搭车跑到了长沙，走到一条巷子里已是晚上。在一个繁华的城市，我没文化，没钱，又找不到地方住，感觉自己是那样的孤立无助。我一边走一边说，也不知道自己说了些什么，我坐在湘江河边上，看着灯光闪烁，那种孤独与无助是那样的深入骨髓。我坐在那里，就在旁边的草地上睡了一晚。

每两天我又漫无目的地走，在桥底下看见一个和我差不多大的小孩，我问他："喂，有什么地方或工厂招人吗？"他说："我也是从家里跑出来的。"两个共同遭遇的人就这样成了朋友。他说他身上还有三元钱，一起买饼干吃。我们一边吃一边沿着河堤往前走，在地上看见一块五毛钱，我们像捡了个金元宝一样兴高采烈，也不敢用，也舍不得用。我们找了个地方坐下来商量怎么办。全部家当就一块五，盒饭也买不到。他说："我有个办法，我在桥底下看见有人偷自行车，我们也去偷一辆卖了不就有钱了吗？"我想想也只有这样了，我们在小摊上买了包子，只余下五角钱就买了一杯豆浆，我们一起喝完了。吃完之后肚子还是非常饿，觉得自己真是太狼狈了。

梦想跌落的深渊

我们边玩边走，一会儿到了长沙火车站，我们看见一辆车没有上锁，旁边没有人，他说："我们把自行车推走。"我肚子饿得不行了，想到自行车能换到钱买东西。我们两人就放大胆量骑走了那辆车。在桥底下我们碰到一个三四十岁的中年妇女，问我们的车子卖不卖。我们当时求之不得，尽管她只给二十五元钱，但我们还是高兴得跳了起来。我们拿着钱走到一条小巷子，在一个饭店吃了饭，买了包烟。我们在摆生活用品的小摊买了把剪刀，准备以后剪自行车的锁。那天我们花几元钱住了一晚小旅舍。第二天玩了一会儿看见一辆自行车，我们用剪刀去剪锁，结果剪了四五十分钟，累得满头大汗。我们在桥下又将自行车卖了五十元，刚要走就碰到了昨天那个中年妇女，她说："你们是怎样将锁搞开的？"我们说："剪刀。"她又问了几句，见我们在这边人地生疏，就说晚上请我们吃饭。我们到饭店时，进来几个和我们差不多大的小男孩。他们说："你们用剪刀太难搞了。"我装做什么都不知道。他们说："别装了，我们是干一行的，给你们一套行头，你们等着发财吧。"我们边吃饭，他们边告诉我们怎么弄，我高兴得不得了，认为自己有生财之道了。

一段时间，我每天晚上基本上要偷回来五六辆自行车。后来我学会了偷电动车，记得偷第一辆电动车的时候，我骑在一条小巷里，一个老头问我的车卖不卖，我说："卖。"当时我收了八百多元。我

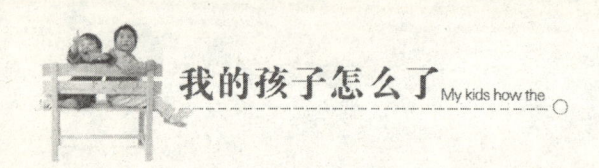

我的孩子怎么了
My kids how the

想，一辆电动车相当于一二十辆自行车，真是合算。以后我就专门偷电动车，结果有次被警察当场抓住，我说只作案了一次，我朋友说两次，我被那警察打了几个耳光，只好承认是两次，结果被送了一年收容教养，尽管如此，我没有后悔，觉得自己出去之后还不会罢休，所以，等我出去之后不到两个月我又被抓起来了，被判了一年有期徒刑，服刑期间，警察找我谈话，说："出去之后要改邪归正，不要走这条路，要好好做人。"我心里一直在想，我被家人逼得

148

这样，现在一无所有，出去了还会走这条路。刑期满了的时候，那位警察又对我说："出去之后回家，不要走这条路了，这是条不归路。"我说："心改了才是真的改，但我心没改。"于是，我后来又被抓住了，又被判了一年半劳动教养。

在这接二连三的改造生涯里，我终于有所反思，对自己有所剖析，我做的一切是错的，但家人的错也是不可原谅的，他们误导了我。现在我才想通父母打我、骂我都是为我好，我以前不懂事，但也没有人告诉我要怎样理解。在我今天对不起父母的时候，也请父母对我说声对不起，错误是我们共同造成的结果。

心灵启航

消除家庭的暴力

"多少次眼含泪水/多少次拼死抗争/咽下这刻骨仇恨/躲开你这世界上的暴君……"——引自一个孩子的日记。孩子今天的行为与他成长过程中受到的教育，尤其是家庭教育有很大关系。特别是受到家庭中的行为暴力，以及另一种暴力——"思想暴力"，隐藏在善良的面纱之下的关爱异化为"滥爱"，都会给孩子造成伤害。无论是显性的暴力还是那种不伤皮肉的"冷暴力"，都会给孩子思想行为带来恶果。

本案例中的孩子，由于父母望子成龙心切，对孩子学习期望值过高。一旦发现孩子的学习成绩下跌或达不到要求，用直接而极端的粗暴行为对待孩子，而且在一次比一次恶劣的情况下，孩子产生了畏惧，但这只是一种表象性的行为，孩子的内心是不服的，是反对的，是在想方设法与家人形成敌对关系。这些行为造成孩子的性格易怒、攻击性强。最直接的影响是孩子离家出走，以逃避结束这种暴力。在平时，被暴力对待的孩子常常会隐藏自己的愤怒情绪，这种负面情绪会日积月累，最终形成暴力倾向，容易将家中的烦恼、怨恨和压抑心里的情绪如山洪般爆发出来，与同学相处或对方稍加反诘时就大打出手。专家研究显示，家庭暴力是未成年人产生不良行为的催化剂。因为家庭暴力给青少年带来的不仅是皮肉之苦，更多的是心灵的创伤和行为的扭曲。在家庭中，父母经常打骂孩子，不仅带来了亲子的冲突，促成了孩子不良的性格特征，而且家长的这种"示范"作用必然加剧孩子不良行为的发生。在暴力倾向方面，家长也是孩子的第一任老师。中国政法大学一位专门研究青少年犯罪的专家指出，在家庭暴力发生较多的家庭中长大的孩子，实施暴力犯罪的可能性更大，这不是遗传，而是后天的"培养"。

针对孩子遭遇来自家庭的打击，受到家庭暴力的影响，建议：

1. 家庭成员或孩子借助外力解决问题。 可以求助法律、妇联等机构或者借助亲戚朋友从中干预。面对暴力绝对不能隐忍，一定要说出来，不管是对家里的亲戚长辈，还是对自己的朋友，或者最高级别的打官司。在我国的传统观念中，打孩子等家庭暴力被视为"家务事"，外人不好干涉，很多家庭暴力正是打着这样的幌子肆意横行，而旁人在目睹这种暴力时，很难插手，也不会将它与违法犯罪联系在一起，很多时候可以寻求执法机关的介入。如果放任的话，家庭暴力可能永远披着温情的外衣，会酿成更多的悲剧。

2. 协助施暴家长妥善接受心理治疗。家庭暴力中的父母常常只承认对孩子的暴力问题是自己教育的失败。如果是家长对孩子教育上的心理有问题，要多进行认知领悟的治疗方法，帮助分析其家庭结构及角色的混乱，分析其父亲尊严、权威缺乏的表现及原因，以及对孩子过分保护及过分干涉的具体表现及与发生暴力的关系，解决使患者发病的因素，促进患者康复，并以图防止复发并努力使父母形成一致的养育态度，加深父母的相互理解，以及父母对孩子的态度达成一致的共识，使之对孩子的态度发生质的改变。

3. 利用亲子沟通离家出走后的孩子。离家出走对孩子的影响是多方面的，家长应该采取恰当的措施来对待孩子的离家出走行为。一是给孩子提供一个良好的家庭心理氛围。离家出走的孩子都会尝到出走后的艰辛和痛苦，如果回来后家庭还要歧视他，对他冷嘲热讽，他感觉不到家庭的温暖就有可能再次离家出走。二是父母应经常注意孩子的心理变化和需求。父母尽量少唠叨，更不能打骂，要学会鼓励孩子，懂得孩子的个性差异，不能要求孩子按照同一个模式成长，要充分认识孩子的可塑性还很强，要对孩子有信心，相信他们有能力改正自己的错误，健康地成长。

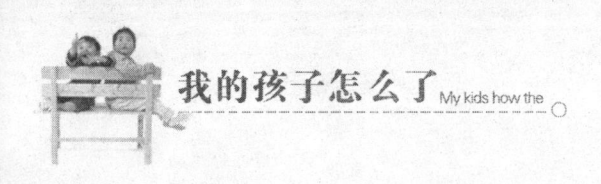

16　三条人命的惨剧

采写手记

　　一个孩子，犯很多错误都是可以原谅的，但作为一个杀过人的孩子，我们在内心里却想回避这个问题。孩子潜意识里恐怕只是去谋财而不是去害命，但后来会有很多事情发生在这个孩子身上，为什么会发生在这个孩子身上而不是其他孩子？我用审视的眼光来看他，而我没有找到任何答案，只有在他讲完了，我才知道事情的前因后果，但很显然，我并不想去找这样的结果，只是想让孩子知道，有些事情在你周围发生，你身不由己地成为了事情的主角，因为自控能力对每一个孩子都是薄弱的，他们的抵御能力也很无力，才会酿成大错。

个人资料

采写对象：小曹（化名）
年　　龄：13岁

罪错性质：故意杀人
文化程度：小学
爱　　好：上网
家庭情况：父亲病亡，跟随母亲生活，家庭生活困难。

案件追踪

某日，小曹伙同舅舅曹某为了谋取财物窜至阳某家，偷窃未果后实施抢劫。当时只有阳某的继父和阳某的两个女儿在家，两人用被子盖住阳的继父使其窒息死亡，然后将阳某的两个女儿掐死，在窃得700多元钱后逃离现场。

成长记录

上学时期的逞强

在家里，我是独生子，家人都非常疼爱我，只是爱的方法各有不同，父亲的爱却是严厉的。从我记事起，爸爸妈妈就教我数数、认字。我4岁的时候，妈妈和奶奶赶集去了，留我和爸爸在家，爸爸拿出一副纸牌，教我认牌上面的字，我能从"1"认到"9"，但到第"10"时我总是认不出，那是一个大写的"拾"字，当时，我认为我能从大写的"壹"认到"玖"，已经是相当不错了，但是爸爸却硬是要我认出来，当是我的确认不出，爸爸的脾气不好，顺手就给了我一巴掌，当时我一直在哭，到妈妈回家看到我的泪痕后责骂爸爸，奶奶骂爸爸骂得更凶。在我后来的生活里，我都恨爸爸，

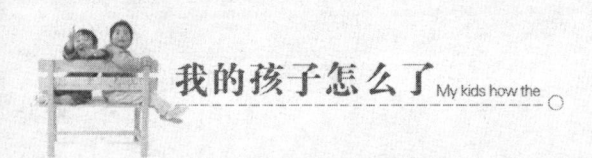

总觉得他是一个蛮横无理的人。但是,在我今天看来,那也许只是他的教子心切和教子无方的一个愚蠢的结合。就在去年,爸爸去世了,但是他的那一巴掌我今生不能忘记,不知道是痛还是思念。

我到 7 岁才去上学,当时在村里算是比较晚的。当时家里穷,连学杂费都要拖一段时间才交,使我总有点自卑的感觉,也使我比其他同龄孩子成熟,所以我在上学时候成绩总是前几名,印象最深的是我那次考了全校第一名,语文却只得了 77 分,说来真让人难以相信,但这个分数怎么会是第一名呢?因为那次考试题目很难,第二名还比我少了一分。尽管分数低,但成绩还是来之不易,我那次真的比以往任何时候得到奖励都要高兴。

初中以后,家人对我也很少顾及,我的成绩直线下降,就像在坐一条下滑的索道。主要原因是我对外面的世界开始有了更多的兴趣,见了什么好玩的总想玩,也常常跑到学校外与一些辍学的学生玩,也开始和同学打架。记得有一次,我和一个同学发生了争执,他说了我很难听的坏话,我一听就来了火,于是就演变成了打架。他个子虽然比我高大,但力气比我小,我将他掀翻在地还踩了几脚,我当时觉得自己好威风好神气,但这种感觉一下子就消失殆尽,因为班主任找到了我,在班主任的面前,我只得耷拉着脑袋,尽管心里不怎么服气,但我是不敢顶撞班主任,只在心底里想,一定要再教训那个同学。等到放学后,我就飞快地跑到街上,喊了几个朋友,在那个男孩子回家的路上堵住他,我们对他一顿乱打,不知道打伤没有,反正第二天他没来上学。这次之后,我就觉得社会上有朋友就可以不被欺负,可以让自己神气十足。所以我去学校的次数渐渐少了,整天和社会上的朋友一起打游戏,打架,无所事事,直到班主任找到我家,父母找我谈了几次之后我才有所收敛,但我总是控

制不住内心的冲动，只想和那帮朋友玩。

惨不忍睹的血案

我的舅舅只比我大几岁，很早就不上学了，也喜欢跟我一起玩。有一天，他问我想不想到广东去玩。我想都没想就说行。他说那要搞点路费，我们就瞄准邻村一个有钱的人家，在晚上，舅舅就顺着屋墙的排水管爬上去，然后从楼顶下来打开了厨房门，我跟着他进去了。当时我踢到了屋里的一只宠物狗，狗叫了两声，我吓得不敢动了。我停在那里大概5分钟就没听到其他动静。舅舅往前将房门打开，房间是套间式的，我们在前房听到里面有人咳嗽了两声，舅舅却径直奔向里面掐住了那人的脖子，我害怕事情搞大了，就摇了舅舅一下，示意他不要弄出人命，但舅舅哪里顾得这么多，仍然我

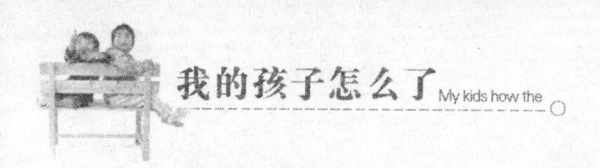

行我素，最后把他掐死了，到前房也用同样的方法掐死了两个人，我当时吓呆了。舅舅叫我赶快找钱，我在一件红色的外套里找到了一卷钱，也不敢数，并不知道是多少，另外在一个死者的裤兜里摸到二百多块，我将钱全部交到了舅舅手中。舅舅点燃一根烟，处理了一下现场就叫我一起走了出去。当时我们很慌，知道一家三口人就被我们这样掐死了，这也是我一辈子做得最错、最愚蠢的事。

出来后，我们就在镇上睡了一晚，其实，那一晚都没睡着，也根本睡不着，我时不时想起那个场景。第二天早上，我们急急忙忙买火车票去广东，我们在番禺玩了几天，我们因为没有身份证被收容了，我由于年纪小被放了出来，舅舅却被送去桂阳，我和舅舅就这样分开了。

魂不守舍的逃离

当时我还不到14岁，所以一个人觉得很无助。这时候，有个比我大点的男孩子对我笑，看上去还不太坏，其实我当时也分不出好坏。我主动找他说话，他也是一个人来广东，两个人在出租房里睡了一晚，后来我就知道他专门在街上进行抢劫，我当时还不太相信，后来他拿出一条金灿灿的项链给我看，我才知道他带我出来的真正用意。我想回家，但我身上只有两元钱，我能够去哪儿？没办法，我只好跟他在一起，在我们玩了4天以后，他就带我出去"开工"，他先让我在旁边看着，然后他就往一妇女身边窜过去，一把将那女的脖子上的项链抢了下来，那女的来不及反应，他一溜烟就跑了。我清楚地记得那条项链是黄金的，卖了两千多元，他给了我三百元让我花。当时，我很兴奋，觉得这钱来得轻松，只要跑得快就没什么风险。在这种幼稚的想法下，第二天我就和他出去了，我们在街上转了半个小时,终于发现了一个目标,一个年轻漂亮的少妇脖子上有一条24K的白金项链,那个男孩叫我跟在后面,他在前面挡着,我尾随了一段距离,那妇女回头的时候我赶快躲在一边,等她回过头,我一个箭步冲上去,一把夺下她脖子上的项链就向后跑,跑了几步见那妇女不追,也不喊,我就停了下来,但是,我的心还是跳得厉害。

回到出租房后,那个男孩子就出去了,他回来给我了一千多元钱,我拿着钱到处玩,又是洗头,又是按摩,吃好的,穿好的,但对用钱我从没心疼,总认为这钱来得容易。我这样潇洒了半个月被警察抓住了,送了一年半的收容教养。在教养期间,我并没有反省以前的案件,也没有去自首那个故意杀人的事实,而是选择逃避。等我解除教养后,我在一个工厂做事时被警察抓住了,结束了我所有逃亡的日子,也结束了我提心吊胆的日子,只等自己走出社会后,重新做人。

心灵启航

主导孩子的行为

《西游记》里有几个"问题"孩子:孙悟空无父无母,是从石头里蹦出来的,应该是一个弃婴。由于他从小没有父母之爱,所以具有极强的反叛性,才会做出这许许多多大逆不道的事情来。红孩儿是牛魔王和铁扇公主的孩子。父亲牛魔王是个"花花公子",自小就和孙悟空等"不良少年"一道组成"七兄弟"帮，成天鬼混，后孙悟空改邪归正，他却仍怙恶不悛，仍旧在社会上为非作歹。他娶了铁扇公主之后，又移情别恋狐狸精玉面公主，搞起了"婚外情"，家都不回，更不用说悉心教导儿子了。"子不教，父之过"，红孩儿没有父亲的教育，铁扇公主也只顾自己修炼，导致红孩儿走上犯罪之路。按以上说法，这些问题孩子产生的主要原因是家庭教育产生的。

本案例中，孩子因故意杀人罪而身陷囹圄，可见，家庭残缺或环境不佳对孩子产生了深远的影响。孩子面对纷繁复杂的社会生活，在金钱的诱惑下铤而走险。在孩子看来，父亲的粗暴给他造成了伤害，留下了阴影，带来了反感。母亲虽然溺爱，但是，爱在物质匮乏的情况下显得柔弱无力。一个贫穷的家庭，交不起学费，带给孩子的本身就是一个自卑心理，孩子始终是在一种扭曲的生活状态下生活。加之母亲和家人对他的放任，导致孩子不能按正常的轨迹方向行进，而作为母亲，似乎从来没有注意过孩子的变化。孩子其实是听家里人的话，只是在家庭疏于对他的管教他才会大胆起来，进而按自己茫然的方向走。——这就酿成了孩子的最大失误。想一想，舅舅作为长辈，给的应该是好榜样，但是，同龄孩子是"少年叔侄如弟兄"，玩的时候家长应该考虑孩子们玩的是什么，有什么样的想法。由于家庭没有顾及，结果，两个孩子就这样走入了不归路。

针对没有主导性的家长，建议家庭：

1. 树立家长的权威地位。 过去的父母很有权威性，可以对孩子说："我过的桥比你走的路还长，我吃的盐比你吃的米还多。"孩子相信大人见多识广。而今天的世界刚好倒过来了，大人不了解孩子，觉得孩子很神秘，孩子知道的很多事大人却不知道。面对重大事情，家长往往心怀恐惧、疑虑重重，而孩子却无所畏惧、满怀欣喜。不是说家长一定要有领导的地位，但要有主导性的角色引导一个家庭。

2. 遏制孩子的攻击性。孩子自身的生活状况不理想，容易产生仇恨心里，他们往往跟人打架、吵闹，从人格方面讲，孩子在跟伙伴们交往的时候，很容易伤害别人，比如说话比较刻薄，不容易感受到别人的痛苦，不大会替别人着想。在家庭里因为他从小是受别人照顾的，很少照顾别人。

3. 家长要让孩子加强逆境教育。父母越娇惯孩子，这个孩子就越难健康地成长；越是家庭不宽裕的孩子，花钱越是有点大手大脚，不太爱劳动，不太爱干家务活。家长们要明白，在教育孩子中多表扬少批评，但是不能一味地不批评，孩子总有一天会遇到困难"倒霉"的！到了社会上，他们总会多多少少地受到委屈、冤枉和打击，没有惩罚的教育是"缺钙"教育，是危险的教育，无批评教育是伪教育。父母不能光给孩子糖吃，还得给孩子吃点苦，酸甜苦辣都是营养。

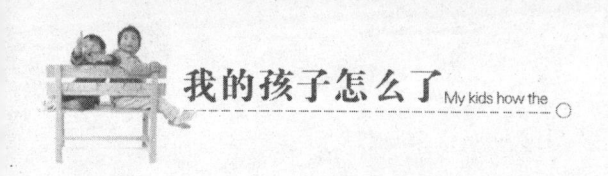

17 上学路上毁掉的幸福

采写手记

如果不是在这种特殊的地方,我一定不会怀疑他打过架,干过盗窃。他的举止、谈吐不仅很有条理,而且让我觉得他就是一个很优秀的学生。他站在那里,在我讲明意思之后才坐下来,眼睛睁得大大地望着我,不是他迷惑,也不是他的茫然,而是他在等待我的说话,然后他对自己的错误很委婉地说了一句话:"都是一个过程而已。"的确,人生任何时候都是一个过程,有些过程需要结果,有些则是需要过程的快乐。孩子的成长也是一个过程,当一些不愿意看到的事情在这个过程发生了,如果认真地反思,也是一剂良药。

个人资料

采写对象:小廖(化名)
年　　龄:16岁
罪错性质:盗窃

文化程度：初中

爱　　　好：上网、赌博

家庭情况：父母经商，家庭条件比较宽裕。

案件追踪

在几个月时间里，小廖伙同小任在长沙市某小区宿舍，采取踢门入室手段盗窃作案3起，盗得项链、戒指、手机、电脑等财物，共计2万多元，人民币5万多元，赃款全被挥霍。

成长记录

惊悸：心碎的遭遇

3月的一天，那时我读小学五年级，我像往常一样走在上学的路上。在距离学校不远处的一条巷子里，几个和我年纪相仿的孩子冲出来围住我，一把将我按倒在地上，不问青红皂白抢走我身上仅有的30元钱。并威胁我，要我每天按时送相等的钱给他们，要不就见我一次打一次，让我见识见识什么是拳头。我极度恐慌，非常害怕地答应了他们的要求。那时，我不敢告诉家人，怕家长吵到学校，那些孩子知道了又会打我，甚至变本加厉；我不敢告诉老师，我认为老师也奈何不了他们。我只好忍气吞声。家里每天给我30元钱用于吃饭和零花，我都是自己饿着肚子把这些钱老老实实按时交给他们，这样一直持续了半个月。但他们贪得无厌，一次他们要钱时，他们指着我说："就这么一点点算什么意思？"我说："多的家里不给。"没等我说完，他们对我又是一顿拳打脚踢。我害怕极了，每天上学和回家的路上，我都提心吊胆，沮丧极了。

有一次，我正被那几个孩子打着，一个人说了一句："别打了。"他们就停手了。我抬头一看，这个人原来是邻居家的小新，那时，他比我大一岁，但早已不上学了，已经是我们那地方的小混混，在圈子里还小有名气。就这样，他不但救了我，而且以后再也没有人来惹我，因此，我把小新当成了偶像。我在书声琅琅的教室里想着如何加入到他的圈子里去，我在学习中再也体会不到乐趣，觉得读书越来越枯燥和寂寞。

追随：冲动的教训

我开始逃学，并且和小新成了很好的朋友，进入到了他的圈子。以前欺负我的那几个孩子，我也打了他们几顿，这样过了一段时间，我们为了寻找更多的刺激，学着大人一样抽烟、喝酒，将自己一步一步推向深渊。

就这样，我对读书已经不再抱什么希望，初中二年级的时候，我和一个同学因为一件小事发生了争执，放学后，我在校门口堵住他，拿出准备好的水果刀朝他的胸口连捅3刀，还好没有伤及他的危险部位。家里知道我的所作所为后，担心我会在泥潭中越陷越深，把我送到乡下的亲戚家那里读书。在那里，亲戚也和我讲了许多，我开始认识到自己的错误，反思自己的鲁莽、无知，那时，我确实很后悔，也决定改掉一些坏习惯，找回那个以前的我。

在乡下的日子，远离了城市的喧嚣，回归了心灵的宁静，半年后，家人见我悔过了，变好了，将我接回城里继续读书。刚回家的那段时间，放学后我很少出门，做完作业之后也是在家里学习上网，但在网上却经常碰到以前的一些朋友，他们又把我拉向了他们那边。

迷离：陋习的沾染

那些朋友，有的家庭支离破碎，早已没人管；有的离校出走，早已没人管得了，他们都不上学，天天在外面玩。当时我看到他们在外面衣着光鲜，出手大方，对他们好羡慕，觉得他们的生活是那样的有滋有味，很自然就和他们玩到了一起。

在他们的影响下，我渐渐地迷上了赌博。最开始我从家里偷出800元钱去赌，结果输得精光，那时候家里并不知道我偷了钱，但我由于心虚而不敢回家，开始到外面偷东西，当偷来的钱能填补从家里偷走的钱时我才回了家。回去后，面对父母的追问，我随意地撒了个谎，父母也没有深入追究，让我怦怦直跳的心平静了下来。那时，我的成绩还很好，他们还是很相信我是在学校里认真读书，根本就没有怀疑我。有了这一次以后，我便开始经常不回家，要么去偷，要么去赌，反正自己已经没有心思去上学了。学校见我这个样子，要我通知家长，我便把社会上年长一点的朋友喊过去冒充，就连开家长会也是如此，每次在老师那里都能蒙混过关，所以父母对我的行为一直被蒙在鼓里。

在社会上混久了，我的性格也变了，不再胆小怕事、唯唯诺诺，而是胆大包天、飞扬跋扈，动不动就对别人勃然大怒、怒目圆睁和别人打架。当然，我也有打输的时候，有一次为朋友出气，我刚举起刀去砍，被别人一刀削过来，差点把胳膊都削断了，我只得丢下刀就跑。现在，我身上的刀疤就有5处。

既打架，又盗窃，我被公安机关到处追捕，我东躲西藏，过着惶惶不可终日的日子，一共被抓了4次，都因为年龄太小经教育后

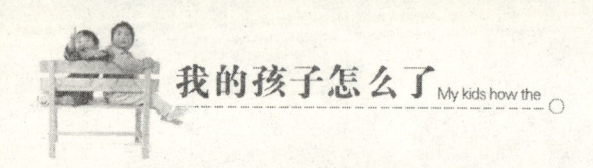

放了。但去年一次，我盗窃的东西太贵重，被送少年收容教养3年，那时，我知道我提心吊胆的生活结束了，我也决定永远远离这种生活。

醒悟：未来的希望

当我走进高墙大院，自由自在惯了的我习惯不了这里的生活，无法接受这样的生活方式：被褥叠得方方正正，日常用品摆放得整整齐齐，而且这都是以前我从没有做过的，如今我却在警察手把手的教导下有条不紊地做着，慢慢培养了良好的习惯。

每当我辗转反侧地靠在铁窗边，年少时的点点滴滴在我脑海中清晰出现，那些阴影一直缠绕在我脑海中挥之不去，摆脱不了，是受人引诱，也是自己无知造成的后果。我无数次地问自己，如果不是那群孩子无端地抢钱和毒打，如果不是社会上的那些孩子给我这么大的影响，我会走到今天吗？

今昔对比，在这个新的环境里，我重新审视自己的经历和人生，我开始认识到自己违法的根源，也认识到我已走过了那段低谷，走出了那段深渊。每个月，母亲都来看我，每次她都哭了，我望着她脸上的泪水，我也情不自禁，我不知道怎样来忏悔。事已至此，她没有放弃我，我又怎能放弃自己？

大院里的和谐环境，让我似乎找回了校园中的那个我，警察很关心我们，总是组织各种活动来调动我们的学习兴趣和生活情趣。我记得今年年初，在家属恳谈会上，我和母亲坐在一起，后来吃了一顿丰盛的年饭，那种感觉真是久违了，令我好久都没忘。母亲对我说："妈妈希望你出去之后继续读书。"警察也时不时这样启发我。我知道自己年纪小，还有希望，一定按他们的要求走下去。为了开阔我们的视野，调动我们的学习热情，还组织我们游览了一次长沙。看到外面的世界，我那高兴劲就别提了，在湘江风光带，我们这群失足的孩子站成一列，伸出双手，演绎了一幅"千手观音"的画面。看着照片，我们百感交集，我找到中间的那个自己，那双伸开的手臂，拥抱着明天的希望。

心灵启航

杜绝社会的伤害

孩子受伤害是很正常的事情，但要看受到什么伤害，伤害之后

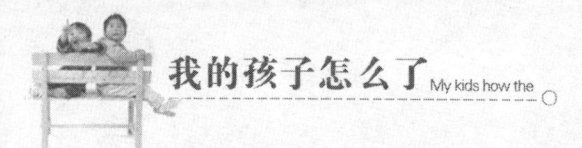

如何解决、处理。家长们都很担心孩子的安全问题，但很少有家长对孩子进行过自护教育，导致孩子没有维权意识，相当一部分学生权益被侵害，却没有求助意识，最常见的就是孩子受到伤害后往往不了了之。家长要让孩子知道，社会的环境非家人可以决定，当社会环境存在许多问题，我们无力改变时，就需要在适应的基础上，如何有效地维护自己的人身安全，如何找到自己发展的途径，这些都需要家长平时对孩子的培养。生一个孩子可能容易，而真正养育一个孩子却不是容易的事。

本案例中的孩子，出生在一个幸福的家庭，是教师眼中的好学生，这样的孩子看来是没有堕落的理由，但诱因偏偏很简单，遇到了一次"擂肥"——上学路上的一次毒打。对于孩子，我们不能要求他们有成人的是非观，更不可能要求家长每天来护送孩子上学。当街头"小霸王"存在孩子的生活当中，被欺负也就很难避免，我们不可能让孩子"以牙还牙，以眼还眼"，家长也不可能轻易就跑去找欺负孩子的对方大打一番，训斥一番，帮自家孩子出气，特别是对于孩子来说，遇到这些问题他存在害怕，不愿跟任何人说，更胆怯说了之后家长帮了倒忙，反而受到更大的攻击。由于孩子长期在这种受辱得不到帮助的状态下生活，孩子也会自己尝试处理这些矛盾，尝试最佳的处理问题的方式，要么消极顺从回避下去，要么彻彻底底打回去。我们知道，孩子的心理是很脆弱的，很容易受到不良因素的影响，孩子在成长路上走错的时候，家长如何来教育和保护孩子应该成为当前的一个问题。因为，生活中会出现很多很多不可预计到的事情，包括自然灾难、人为伤害……所以，对孩子有意识地实行一些保护自己的教育，让孩子从小学会安全生活的一些方法，多培养孩子这方面的能力，使孩子健康成长。

针对孩子可能受到外界的伤害，尽量减少社会对孩子的负面影响，建议家庭：

1. 有意识地培养孩子的维权意识。平时生活中，家长不仅要告诫孩子留神从接触的人或事中获取不安的感觉，还要注意倾听，鼓励孩子讲出让他感觉不安的人和事。每位父母应该让孩子知道，有人威逼孩子做无礼或危险的事时，要勇于说"不"，而且告诉孩子遇到危险要勇于求助。

2. 要缓解孩子的心理压力。当孩子受人欺负时，他可能会因为害怕或者因为自己的无能为力而难过，此时家人勇于承担责任，控制自己的怒火，充分理解孩子受到的委屈，冷静地处理问题，先让孩子的情绪安定下来，然后采取各种可行的措施，可以协同学校、社会共同解决问题。

3. 告诉孩子常遇的5种侵权：受到敲诈、路遇歹徒、遭遇骗局、见网友上当、不当教育给孩子带来心理伤害，教育孩子遇到威胁和伤害的处理办法，掌握必要的自救知识。如果孩子受比自己年龄大的学生或社会流氓的敲诈，一是清晰认识，自己处于劣势时，最好不要鲁莽，暂且让他猖狂，有合适时机再实施打击，灭其嚣张气焰。二是沉着冷静，捕捉对方的各种特征，如其身高、体型、肤色、相貌、口音、衣着、随身携带的物品等，有利于案件侦破。三是尽可能智斗，如与对方周旋，将他带到人多的地方，见机求助，或在街上找成年人认"老师"、"亲戚"，将歹徒吓走，并及时报案。

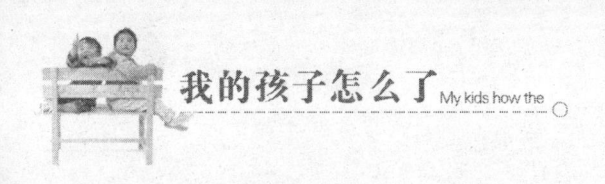

18 暴戾酿成的大错

采写手记

那些血淋淋的场面，我们很难联想到一个孩子，可是，近几年来，这样的场面关系到越来越多的孩子。生活中，这些孩子与常人无异，坐在我面前，我甚至会产生错觉，认为他们与放学经过我身边的任何一个孩子都是一样的，然而这种感觉代替不了事实，而且一个明显的对比，这样的孩子更有其成熟的一面，在你不经意的时候会有些让你猝不及防的话题。我所知道，如今孩子暴力犯罪越来越多，有很理由去责怪周围的事物和影响，但更多应该是去责怪我们的每一个成人对孩子的态度。这个过程，我们都得去考虑一个环境，父母创造的环境就是一个细胞生存的基础环境，孩子就是那一个细胞。

个人资料

采写对象：小成（化名）

罪错性质：故意杀人
年　　龄：14 岁
文化程度：初中文化
爱　　好：写作、上网
家庭情况：父亲在外打工，母亲在家务农，一个哥哥。

案件追踪

某日，小成在自家屋后山上玩早先抓的一只鸟，受害人成某总是跟着小成，让小成觉得烦躁，顺手捡起一块砖头将成某砸伤流血，受害人成某大哭，小成害怕事情败露，继续用砖头将成某的头部砸成血肉模糊而死亡，而后逃离现场。

成长记录

幸福往事的印象

过了一段时间的监禁生活了，我总是在骂自己，但是后悔也无济于事、于事无补，我只是想家，想家的感觉让我极其难受，黯然神伤。春天来了，想起家里屋檐下那个燕子窝，我也希望自己像天空的燕子一样自由地飞来飞去；夏天来了，窗口的蝉声不断，让我想起捕蝉的情景；秋天来了，树叶被风儿吹起，让我想起那是一只只蝴蝶的轻舞飞扬；冬天来了，雪花飞扬，让我想起堆雪人、滚雪球，然而这一切幸福的意象离我已经很远了。

从我记事起，我的父母对我疼爱有加，使哥哥都有点羡慕，总

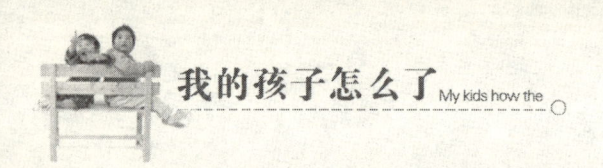

会说父母是在袒护我。我也非常听父母的话，邻居常在我父母面前表扬我，说我聪明，很讨人喜欢，父母听到表扬后总会笑得合不拢嘴，那种开心是显而易见的。在学校里我认真听课、做笔记，勤于学习长期受到表扬，我还是个乐于助人的好学生，由于我坚持不懈的努力，我的学习成绩一直名列前茅，还是学校的班干部。但到了上初中，我仿佛像变了一个人一样，这种变化是我经常跟高年级的同学玩，使我经常学起他们那种很懒散的样子。我也跟着去网吧上网，刚开始只在周五去上一两个小时，渐渐地我沉迷网络，迷上了一款叫魔兽的暴力游戏，在游戏里面可以打打杀杀，可以让人痛快淋漓地领略手起刀落的快感。家里给的零用钱不多，所以上网长期没钱，我就欺骗父母说要交二百多元的学杂费，父母将钱给了我以后，我每天晚上上完自习就去学校附近的网吧上网，非常的方便，我也会叫上几个同学一起去，我很豪爽地埋单，钱像流水一样很快花光了。由于晚上在网吧酣战，白天上课我总打瞌睡，成绩下滑可想而知。本来是班上前几名，一学期下来跌到二十名，老师找到我父母，做了我的工作，我有所后悔，知道自己开始在偏离方向，如果不克服就有可能越走越远。我很快克服了去上网的陋习，一个劲地投入学习当中。

父母吵闹的影响

我的转变给自己带来了惊喜，但是，父母吵着要离婚打破了我们宁静的生活。父母吵架，自然会牵涉到我。吵架后的直接影响是妈妈一个人住到了外婆家，爸爸一天到晚没有一点精神，不是喝酒就是赌博，输了钱就对我发脾气。有一次学校要买学习资料，回家后我对爸爸说起这事，没想到爸爸听到后居然大发雷霆，抓着我就是一顿暴打，边打嘴里边说："这几天赢不到钱，原来是你要买书（输），我收拾你。"他还拿起了墙角的一根棍子朝我身上一顿乱打，我惨叫的声音引来了邻居，他们劝了一阵，又将我拉开来，安慰了几句这才将事情平息下来。假如是平时，我肯定会泪如泉涌，这次我居然没哭，强忍着说："我到底是不是你亲生的儿子?!"说完之后，我赌气地跑了出去。

找了我几天，最后，父母在网吧里找到了我，那时我已是头发蓬松，一副邋遢的样子，他们看着我流出了眼泪，我一下冲到了妈妈的怀里大哭起来："我好想你，你难道不管我了吗？"爸爸想来抱我，我一把将他推开，没好气地说："走开，不要碰我。"爸爸惊呆了。在回家的路上，妈妈一直帮爸爸说着好话，爸爸也向我道歉："是我不对，不该打你。"看着平时那么严厉的爸爸竟然像一个做错了事的小孩，我不禁心理酸酸的，于是对爸爸说："过去的都过去了，现在让我们一家好好生活，哥哥还在家等我们呢。"这件事后，父母更加疼爱我，使我感到了家的温暖。我又回到了那个很可爱、听话的好孩子。功夫不负有心人，我的成绩也回到了以前一样优秀，期末考试我考了第七名，父母脸上露出了久违的笑容，爸爸给我买一辆自行车作为奖励，我高兴得跳了起来，骑着自行车的那种幸福感我一辈子都忘不了。我骑着车在地坪里打了几个圈，吹着口哨，忘记了以前的一切不快乐。但这种幸福的日子并没持续多久，爸爸在外面打牌输了几百元，妈妈跟他吵了起来，后来演变成了打架，那种水火不容的架势还是邻居将他们扯开的。那次母亲像是狠了心，一气之下又去了外婆家，而且一去就是两个月，爸爸也没有去接她回来，我很多次对爸爸说："我们去将妈妈接回来好吗？"爸爸爱理不理地说："她回不回来关我什么事。"起初爸爸总是一副无所谓的

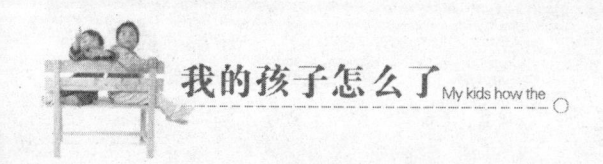

我的孩子怎么了 My kids how the

样子，但终于经不住我三番五次地劝说，不停地央求和做他的工作，才终于让爸爸将妈妈接了回来，使得他们和好了，使我享受到父母的爱。但只要一争吵，我又被搁置在一边，他们的争吵越多，我觉得这种爱对我来说是游离不定的，毫无稳固的感觉。

女孩烦我的后果

初二的时候，我喜欢班上的一个女孩子，我认为那个女孩子长得标致。为了引起她的注意，在她的面前扮酷，我开始在学校打架逞能，她也渐渐地对我有了好感，但我的成绩却在明显下滑。后来老师告诉家人我在学校谈恋爱，本来是要开除我的，但父母不停地做工作，向校长求情才得以让我继续读书，但学校却将那个女孩开除了，这很让我意外与伤心，这种处理方式的后果是直接导致我也没有心思认真学习。父母看我上学越来越没心思，带我去看了心理医生，感谢那次心理治疗，心理治疗师询问了我的一些情况，给了我一些很好的建议，让我在一种复杂的思考中平息下来，平静下来，使我从苦海中脱离出来。但我并没有完全变好，在学校里还是经常与人吵架，动不动就拳脚相加，就是这种牛脾气，使我一步步走向错误。那一天，我抓着一只麻雀在玩，村里的一个小女孩走过来，想让我给她玩，我说："不给你又怎样？"她就骂我两句，我看到地上一块砖头，捡着砖头就往她头上砸，立时头破血流，我一看傻了眼，或许是在网吧那种暴力游戏刺激的原因，我突然冒出一个想法，干脆一不做，二不休，将她杀了，于是我就将砖头拼命地往她头上砸……我将她拖到山上，将她的鞋子丢到池塘。然后我去上学，心里不安但我故作镇静。过了两天后来警察对我进行了调查，我说出了事情的真相，警察和全家人都很惊讶。

我对发生的事情感到后悔，就因为那几分钟的冲动，就因为我的无知与暴力，我一下子毁灭了两个幸福的家庭，我非常对不起父母，对不起对方的家人，希望所有人能原谅我，在教养的这段时间，我将深深地忏悔，让心灵的阴影扫开，重新开始新的生活。

心灵启航

化解家庭的争吵

婚姻是家庭的核心，当负有主要责任的两个人在一起共同生活，所有的缺陷是包容的，是互相的勉励与促进，而不是将不健康的形象烙在孩子身上，更不可让孩子形成某种特定的思维。对于十多岁的孩子来说，他们认为父母的婚姻是完美、没有冲突、平衡的。但实际上，所有婚姻都是现实的，都会有争吵、矛盾、冲突或不稳定感。婚姻里发生的问题，是父母自己的事情，但影响的却不仅仅是父母，还有孩子以及整个家庭，但是平衡关系不是孩子的责任，孩子唯一要做的只是相信父母对自己是有爱与责任的，努力地学习，

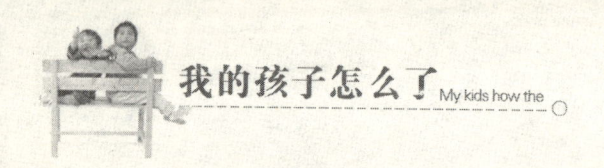

好好地成长。

本案例中，父母的吵架已经给孩子的心理带来了负面的影响，不仅危及到了他的安全感，而且给孩子带来了深深的伤害。家庭生活中，父母要及时作一个调整，尽量不吵架，就是不可避免的情况下也不要当着孩子的面。有些夫妻喜欢用抱怨与指责来表达亲密，吵架不是为了分手或是想伤害孩子，但是要注意这些后果带给孩子什么样的情绪。生活中，这个孩子表现得很懂事，懂得去规劝父母，懂得去维护一个家，懂得如何去感知这份温情，但孩子的内心是痛苦的，毕竟，孩子是一种自我牺牲方式的懂事，他的努力，他的行为远远超出了他应该去承受的教育，使孩子对这个家越来越失去信心与希望。这种状况只会更加影响孩子不是这里出问题，就是那里的情绪紧张，比如引起早恋，再比如产生心理疾病……

针对孩子面对家庭的争吵，建议家庭：

1. 掌握吵架的技巧。家庭要学会如何停止吵架，可以采取以下几种方式：保持幽默感、愿意服输、找理由开溜、或装聋作哑、曲解意思等都是让纠结松懈的方法；争吵也要注意空间和时间观念，特别想吵的时候也可定个时间，绝不伤害他人，成年人这种自制力很重要。

2. 合理的情绪控制。夫妻争论重要的是表达，而非求同，让婚姻保持弹性和多样性的方法就是倾听，态度决定一切，态度好，一切都好。情绪也是女性语言表达的动力，在双方争执不下的情况下，最好不要依赖语言来刺激，而是非语言的方式，比如表情、姿势、行为等。

3. 肯定最好的方式。家庭出现了意见不统一或矛盾，最好的方

式是不吵，双方用心去倾听，等对方畅快地说完了，先肯定正确的部分和主要的问题，给予必要的情感互动，再用商榷的口气说出自己的不同意见，这样尽量促进家庭和谐。

4. 给予孩子生活示范。 与其花更多的时间来陪孩子，不如让陪的过程更加打动孩子。不要因为孩子放弃自己的工作、生活、兴趣等，将孩子看成是整个人生，而是父母要以积极的心态面对生活，这样孩子才有安全感，可以自如地发展自我。父母不在家，可以通过打电话，使孩子感受家人在时间、空间和情感上都做得很到位，建立一个正面而有礼有情的形象，让孩子有一份内心的完整感，并通过隐喻或象征的手法化解孩子的心结。

5. 清晰地告诉孩子。 当父母发生吵架，孩子最大的恐惧莫过于他认为这个家完了，没有安全感了。家长处于情绪激动情况下最好回避一下孩子，切忌迁怒于孩子。事后，家长可以这样跟孩子说："我最近情绪不好，需要冷静冷静。"要尽量让孩子明白，家人都是爱他，关心他，一直都是支持他，鼓励他，无论如何都是他的父母，会深深爱他。

第四辑
带刺的玫瑰

花儿开了
一朵花有一朵花的姿势
一朵花有一朵花的季节
开得那样纯静
凝视着很美很美

在你的一个转身或回头
那些刺轻容地穿过时间
敏感的阳光
如同吐丝的厚茧
将春天勒住

最后的一朵残花
在枝头烙痛了谁的目光
瘦瘦的皱褶
在你的春天里
摇曳着飞蛾的姿势

风儿来了
拾撷遗落的枯容
轻轻地收藏在蒙尘的药架
在你成长的记忆里
将花瓣 火入药疗伤

19　那场早恋里的堕落

采写手记

　　如果没有那些所谓的故事，也许我会走得很顺利。——这是孩子的自我评价。但这些故事，不管是主观的原因还是客观的因素，总之，一切都发生在孩子身上。其实，每个孩子都一样，他们一直在努力向上，不想变坏，可是，生活中总有那么多的诱惑，那么多的挑逗，这些诱惑、挑逗最终导致了他们的偏向，走上一条条错误的道路。这些很普通的过程，往往让人觉得这是孩子自己的问题，是他们自己不听话，但是，孩子的听话与不听话怎样去作一个简单的界定，这也绝不是孩子一个人的责任，而最终付出最大代价的却是孩子。

个人资料

采写对象：小施（化名）
年　　龄：16岁

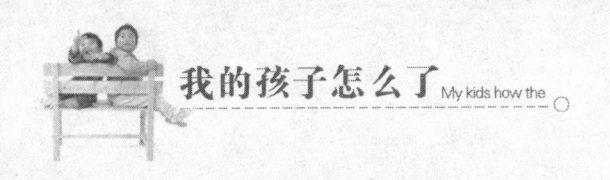

我的孩子怎么了 My kids how the

罪错性质：抢劫

文化程度：高中

爱　　好：看书、上网

家庭情况：父母在家务农，在姑妈家寄读上学。

案件追踪

某日，小施在长沙市某菜市场，见妇女张某戴着金耳环，小施尾随其后，趁其不备，抢走其耳环，价值300多元，被张某发现并当场抓住，小施在逃跑过程中将耳环丢弃。

成长记录

溺爱：感受可怜的慈母心

小学的时光，我是在江苏南通市一个普通的工人家庭中度过的，成绩不错，生活平静，父母对我有求必应。可进入初中之后，我见到别的同学出手阔绰，便有了攀比心理。家里每天2元的零花钱早已不够我的开销，我跟家里要钱的数目也越来越大。

随着时间的推移，我攀比的心理造成了家庭的经济负担，加之那时父亲身体不太好，需要经常吃药。在这种情况下我才不好意思向父母要钱，在现实面前，我的虚荣心得到暂时的控制。

15岁的时候，中考成绩出来了，我出人意料地没有考上高中。我沮丧极了，情绪相当低落，最后在二姑妈的帮助下去了南京的一所高中学校。出发那天晚上，母亲和我谈了一晚，看着刚过40岁的

母亲，她显得那样的苍老，眼角、额头的皱纹像一条条海岸线，缠绕在我心上，那种酸楚的感觉让我发誓：我要好好抓住这次学习的机会，不让母亲失望。

求学：燃起全家的希望

当我站在南京中央门的长途汽车站时，望着一幢幢的高楼，一阵短暂的喜悦袭来，随之而来的是一种莫名的伤感，这座城市就在眼前却好像离我很远，我站在原地待了大半天才回过神来。当我跨进二姑妈家，兴奋是当时唯一的感觉，我明白：从今以后迎来的是巨大物质生活的改变。在二姑妈的关心和呵护下，我背上了阿迪达斯的背包，穿上了耐克的球鞋，只要我想要的二姑妈都会让我满足，但截然不同的是她对我的学习要求特别严格。

有了二姑妈一家的监督，我的成绩在学校里出类拔萃。老师见我聪明，又有敏锐的洞察力，让我当上了班里的团支部书记，我对学习更充满了信心，似乎看到了光明的前程。双休日，我组织同学开展一系列的活动，去敬老院帮老人洗衣服，打扫卫生，与他们聊天。第一学期，我们班就被评为"优秀团集体"。二姑妈一家见我在学校有这么好的表现，高兴得不得了，记得有一次在吃中饭时，姑父指着我对姑妈说："瞧，俺家又多了一根好苗子。"他们当场许诺，高中毕业后送我去德国留学，那时我的表姐也在德国上学。听到这话，我表面上很平静，其实内心波涛澎湃。但我也清楚，我家的经济条件不好，能支持我上完大学就不错了，至于出国留学，那简直是痴人说梦。但如果我能好好学习，二姑妈一家就会支持我的学费，于是我满口答应他们的愿望，并且每个星期天都请人帮我补习。虽然很累，但一想到有可能去外国学习，我自然要全力以赴。

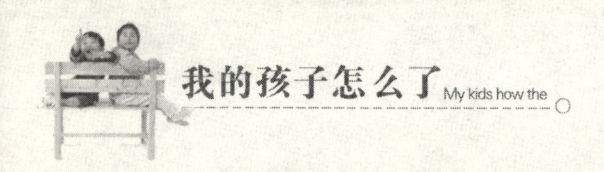

我的孩子怎么了 My kids how the

我的学习成绩更好了，第二年上学期，经过学校老师的一段考察后，我被选入到学生会文体部当部长，在当时全校 5000 多名学生中这是很不容易的。而就在那时，学校准备培训 20 名团员发展成预备党员，我也名列其中，我把这个消息告诉二姑妈时，她那笑容非常灿烂。我知道，我为她争了气，添了光。

早恋：尝到更多的忧伤

为了使我不骄傲自满，二姑妈对我的学习要求更加严格，我渐渐感到压力，那种无形的负担像一块石头压在我的胸口，使我时时有种想放松的感觉。就在那时，年少的我也有了自身的变化，同班的文体委员那美丽的身姿总是出现在我面前，每次远远地看她，我都会有种幸福的感觉，这种感觉就像一杯甜甜的果汁浸遍我的全身。于是，我利用各种方式尽量和她待在一起，我们的关系也迅速升温，我感到压力的释放，但在不自觉中，我的成绩由全校前几名跌落到班上十几名。

这场早恋，在我的生活中激起了轩然大波，也造成了我后来的堕落。二姑妈从老师那得来这个消息时，愤怒极了，不断地骂我。这件事后，她对我学习上的要求由严格变成了苛刻，针对我英语成绩差，他们全家对我重点辅导，从音标开始重新学，要求我与表妹用英语对话，但我每次对不上几句就卡壳了，当时，表妹才 6 岁。每次对完话，我的自信心就削减一分，我感到无地自容，非常的胆怯。

自从二姑妈知道我谈恋爱以后，对我的零花钱加以控制，经济紧张使我鬼使神差地做了一件现在都后悔的事：我偷了同学 50 元钱。我相信，以我当时在学校的声望及人品，没有谁会想到是我偷的，谁知第二天，同学们很快怀疑到了我，因为当天就我一个人在教室。第三天，学校领导、班主任找我谈了一上午的话，尽管他们以各种方式交谈，我都拒不承认，但想到自己是老师眼中的好学生，带着这种侥幸心理，我认为挨一下就过去了。第四天，我去上课时，老师在没有事先通知我的情况下撤销了我的团支部书记职务，学生会工作也被暂停。一系列的问题迎头而来，我实在受不了这样大的打击，第一次旷课了，漫无目的地走在校园的小径上，等同学找到我时我已泪流满面。

出走：卸不下心灵的包袱

老师将事情告诉了二姑妈，那晚回到家里，迎接我的竟是全家人的辱骂。那段时间，周一到周五我要面对同学的指指点点，双休日我要面对二姑妈的冷嘲热讽，来自各方面的压力不断侵袭，我的精神几乎崩溃。

我也想了好多办法，努力改变所有人对我的看法。老师安排的活动我第一个参加，同学遇到困难时我竭力帮助，但他们每个人都拒绝我的友好，对我喊着"神偷"这侮辱性的称呼，二姑妈也拐弯抹角骂着这样的话。

半个月后，学校组织游紫金山，我们下午5点多准备返校，却因堵车车辆行驶缓慢，我只得选择转车。等我回到家时已是7点多钟，可二姑妈还没等我说什么，就对我一顿责骂，说我整天不学无术。我再也控制不了了，回了她几句后，躲到房间里哭了，我头脑一片混乱，一夜没睡着。

第二天早上，二姑妈一家去游览栖霞山，我没去。我一个人待在家里左思右想，觉得实在委屈，也觉得受不了这种生活了。我拿起桌上的一台手机，通过变卖作车费去了邻近的一个城市，找到了一份在餐馆做服务员的工作。可没多久，二姑妈却找到了我，问我是否愿意回去读书。我很想读书，但我面对不了那些熟识的人，也受不了那种寄人篱下的生活，我犹豫了很久，最后选择了放弃，于是，我被二姑妈送回了老家。

可在家里也不得安宁，每天听着母亲的唠叨，感受着邻居异样的目光，我感到自己将一直生活在"小偷"的阴影中。于是，一天趁家人没发觉，我从家里拿了1700元钱离家出走，一路南下，每到一个城市我不忘逛逛书城，看有没有好书。等我来到长沙时，所带的钱已所剩无几，于是我决定找一份工作。因为我年龄小，加之我是外地人，没人相信我，无奈之下，我走上了抢劫的违法之路。

反思：我看到了自己的路

这段日子，我被接受少年教养，由于远离了家人和亲人，我突然有种撕心裂肺的疼痛，不知道他们能不能原谅我的过错。我一度迷茫，不知道自己将来的路如何走。

刚开始的时候，我对那段朦胧的情感充满了悔恨，对学校的老师和二姑妈也充满了怨恨。在这样的心理下，我放松不了自己，对生活也没有积极的态度。通过警察的耐心教育，现在我已经把所有的一切都想通了，没必要再去追究谁去承担这次错误的责任，因为，我是一个处于成长期的孩子，每个人都有自己成熟的过程。只要我看到事物光明的一面，我就可以弥补我的过错。今年初，3个和我一样失足的孩子出去读书了，这让我也看到了自己出去读书的机会。

心灵启航

平静对待孩子的早恋

看到过很多这样的事例：一个有早恋倾向的孩子，家长得知情况后对他拳打脚踢，但孩子始终三缄其口，家长打电话给老师，孩子却逃课了，他解释说头痛去吹风，头痛吹风很显然是不符合事实，一定有事情让孩子解不开才头痛，这就是一个孩子在早恋中的尴尬。孩子处于初恋期，家长要教育引导孩子多参与群体活动，尽量减少与异性同学单独接触的机会，特别是不要跟某一位异性同学过多地单独接触，避免萌发初恋之情，牵扯精力，影响学业和全面发展。教育孩子与异性交往时注意自己的言行，不随便逗闹，不动手动脚。据调查，如果设法丰富学生的社交内容，扩大其交往的队伍，而不是单独与某一个异性伙伴独处，这样就可以避免许多酸涩的"青苹果"早熟。对孩子的"早恋"现象，必须采用"疏"的办法。

本案例中的孩子品学兼优，但早恋的情况大抵是相同，而人与人是不相同的，当然会夹杂更多的现实因素。无论是学校还是家庭，早恋问题的处理方法都是值得我们思考的一个问题。面对这些问题，很多家长采取强硬的态度解决，结果适得其反。孩子的早恋其实也是一种正常感情的表达，有时甚至很单纯，反而是我们成人想得过多。所以，家长一定要和孩子进行多方面的沟通，不仅要尊重孩子，也要尊重孩子的感情，有时孩子的感情是很强烈的，不要凌驾在孩子之上，以训斥挖苦的口吻处理这种问题。

针对孩子的早恋现象，建议家长或监护人：

1. 平静面对早恋现象。 把它当做正常的偶发事件，给予正确引导。引导孩子说出心里话或养成记日记的习惯，使感情有了宣泄的途径，逐步减轻内在的心理压力。另外，帮助孩子转移注意力，经常提醒他们的学习情况，让他们把主要精力放在学习上。

2. 尊重孩子的早恋行为。 尽量多从孩子的角度去看待他们所表现出来的各种言行和情感，即换位思考。大文豪歌德曾说："哪个少男不钟情？哪个少女不怀春？"不要夸大问题的实质，更不应该把它上升到道德问题。家长应平等地与孩子进行推心置腹的交谈，让他们体会到家长对他们的关心与爱护。孩子是一个个具体的活生生的人，他们会有属于个人的人格、情感和隐私，我们必须尊重他们，切不可训斥责骂。家长应真诚地尊重他，教育他们要自尊、自重和自爱，尽可能取得孩子的信赖，成为他们倾诉的对象。

3. 指导孩子处理情感问题。 指导孩子时，不要居高临下、趾高气扬，不把自己置于教育者的地位，而是以经历、体验过类似困难的长者的身份去帮助他们排除困扰。态度要真诚，与孩子真心交流，才能帮助孩子重新摆正自己的位置，培养他们追求理想的信心。

4. 区别对待男孩女孩早恋问题。 一般来说，女孩的心理更复杂、更为敏感，需要细心指导。而男生则需要家长像朋友一样打开心扉，以诚相待，以心相处。对于早恋不必过于指责，更不必用另外一种眼光来看待他们，把他们孤立起来。他们更需要关爱，更需要指导。鼓励他们暂且分手，封锁感情，走出早恋的"沼泽地"，充分利用好长才干、长知识、长身体、精力充沛、求知欲最旺盛的黄金时期，

5. 注意适度和把握分寸。 家长不必过于追究孩子早恋的具体细节，以免挫伤自尊心。宜单独交流，尊重孩子的人格和他们之间的纯洁感情。通过与孩子交朋友的方式，让孩子正确处理同学关系，明确中学阶段的主要任务，从而把主要精力放到学习文化知识上。并且，家长可以从情感教育、性知识教育上阐明孩子看重的问题。

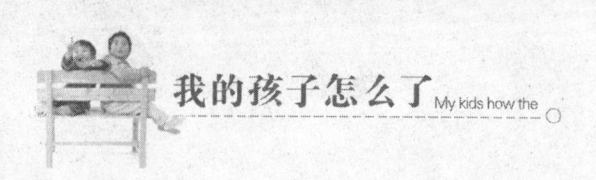

20　一场阴影的影响

采写手记

见这个孩子，或许一群这样的孩子，我都会觉得他们的无辜，回过头一想，我不必先入为主地灌输我的看法。这个孩子，他是一个非常懂事的孩子。面对我的谈话，他知道小心翼翼，但又毫不保留，他甚至于说及他的隐私，我知道对于他而言，与女性的交往说得那样深入是很不容易，我尽管有点怀疑那是一个虚构的故事，但我没有理由不相信这个孩子一脸的虔诚。他不会撒谎，他所说的一点一滴不是他杜撰得出来，要说孩子是有灵性的，但他的灵性在他的眉宇间已经给了很好的证明，那就是他能够反思自己的一言一行，一举一动。

个人资料

采写对象：小黎（化名）

年　　龄：15岁

罪错性质：盗窃

文化程度：小学

爱　　好：唱歌

家庭情况：父母离婚，跟随奶奶生活，家庭无经济来源。

案件追踪

前科：曾因盗窃被治安拘留15天，后因抢劫被逮捕3个月后释放。

小黎伙同他人先后8次窜至长沙市某学院、商城等地，采取翻墙、撬窗等手段盗得项链、手机、电脑等，共计价值9000多元，均低价销售后挥霍。

成长记录

家庭的破碎与阴影

童年是每个孩子的必经之路，有些孩子的童年是幸福的、快乐的，而我的童年在我刚懂事不久就失去了这份幸福与快乐的时光。

在家里我是独生子，父母对我关爱有加，令我的童年有一个美好的回忆。但是，好景不长，在我幼小的心灵里留下的悲痛比幸福还要多。在我6岁那年的一天，几辆警车响着警笛停在我家门口，从车上下来的人冲进我家，将爸爸抓上了车。那时候我不知道发生了什么事。站在一旁看着眼前的一切，我被吓得大哭，妈妈晕倒了。直到后来，我才知道爸爸是犯了法被抓去坐牢了。自从爸爸被抓走

我的孩子怎么了

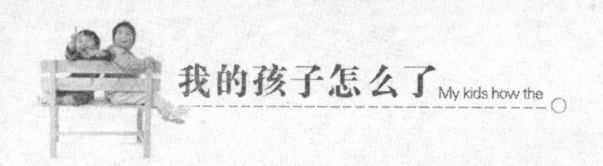

以后,妈妈受尽了周围的风言风语,最终与爸爸离了婚并弃我而去,把我留给了年迈的奶奶抚养。这样,破碎的家庭带给我的不止是伤痛,而是挥之不去的阴影,使我后来踏上了不归路。

随着时间的飞逝,我到了上学的年龄,奶奶将我送到离家不远的一所学校读书。因为奶奶年迈,对我管理有点力不从心,我也无心读书,所以成绩不好。老师不喜欢我,同学更是对我嘲笑讽刺,说我是一个无父母的野孩子,听到这些话我的心里更加难受,从此我不去学校,天天在外流浪。奶奶知道我的行踪后,对我的管理也是心有余而力不足,使我毫无顾忌地在外面放荡终日不归家,整天泡在电游室或网吧里,在那里结识了很多有着不良习惯的朋友,使我沾染了不少恶习。

混迹社会学会坏习气

终日待在外面,我的吃喝成了最大的问题,而且还染上了赌博,钱不知道从哪里来。望着身边的朋友,吃好的,穿好的,玩好的,心里羡慕得很,也极度追求这一切,随即就混迹于他们之中。

记得13岁的时候,我整天在游戏室里赌博老虎机,刚好把身上的钱输光了,垂头丧气地站在门口发呆。我身边的一个朋友也说没钱了,不知道如何办。他说我们要想办法搞钱才行,不然会没有吃穿,大家便一起商量怎样去搞钱,其中一个年龄比我们大点的朋友说:"我知道有户人家家里放着好多钱,我们去偷怎么样?"那时我虽然在外流浪,但还没有去偷过东西,听到这样的事心里难免还是有点慌,朋友见我左右为难,推了我一把说:"敢不敢去?不去的话,我们搞到的钱你就不要摸。"听到这样的话我想起了自己的不幸,想起有钱的舒服日子,而且我觉得太不仗义,面子上也过不去,所以我大胆地说："谁怕谁，走，我去搞。"当天晚上我们来到了目的地，事先朋友说了一些套路，我弄明白后进入到一间房子里，翻箱倒柜，终于在柜子里找到了值钱的东西后，我和外面的朋友一起逃离了这个是非之地。我们将东西换成钱后又没日没夜地玩，连续几天都是沉醉在烟、酒、赌、玩的世界里。

连续几天地玩，花销也大，钱很快用完了，我们又变得四肢无力。我心里想：只有发狠搞钱才能让生活过得好，过得有滋有味。由于上一次的顺利窃取，我的胆子也就大了，加之我向一些年纪大的朋友学习了偷盗技术，学会了选择地方、时间行动，好几次都是有惊无险，我感觉幸运之神在保护我，也使我的口袋充实了起来。有了钱我学到了更多的坏习惯，生活方式花样更多，花钱变得更加大手大脚。我心里暗自高兴：我这么有能耐去偷，我就不怕以后没有钱用。我身上也穿得光鲜，全是名牌，本来外表就不丑的我立即变得更加帅了，从外表看，别人根本想不到我是做贼的，偏偏我却是这样的人，我自己有时候都不相信。

迷恋女人铤而走险

随着时光的流逝，我慢慢地成长起来了，心里和生理都有了很大的转变，我变得越来越成熟。在外面混了那么长的日子，也认识了不少少男少女，和他们天天泡在酒吧里，从小就缺少母爱的我最喜欢跟女孩子玩，我对她们有种莫名的冲动，但那个时候我对性没有一点经验，只是从一些黄色录像里学会怎样去接触女孩，但胆小的我对女孩不敢有越轨的行为。终于有一天，朋友约我去泡吧，说还有个女孩子陪伴，听了这句话，我心花怒放，马上就应约而去。在酒吧里，我和朋友身边都有了漂亮女孩的陪伴，但我不敢有什么过激的举动，兴奋得只顾喝酒，朋友们看着我不声不响就问我为什么不开心，其实我当时高兴还来不及吧！朋友将我拉到一边说："你放心去玩，这个女孩子今晚属于你。我已在酒店开了房，她会陪你休息。"听了朋友的话，我又喜又惊，但又不知道对那个女孩子如何下手，我看着朋友在酒吧昏暗的灯光下做着不堪入目的动作，那样的情景深深刺激着我的大脑神经，我也试探着向那个女孩亲近，果然应了我那朋友的话，那个女孩子很投入地任我抚摸，她忘情地配合我，使我沉醉在女孩的怀里。不知道过了多久，朋友说要去休息了，我就随他们来到了酒店房间，大家招呼了几句就回了各自的房间，此时，我身边再也没有嘈杂的人了，只剩下了那个女孩，此时面对她我还是有点束手无策，但这个女孩显得很从容，首先打破了沉静叫我去洗澡，不知所措的我听凭她说什么，我照着做什么。等我洗澡出来的时候，她已经摆了一瓶酒在桌子上，我们相对而饮，慢慢地聊了起来，气氛也不如以前紧张，又不知道过了多久，她说她想睡了。此时,我的头脑里不停搜索那些黄色录像里的画面,我慢慢握住她的手拉她到床边,我大胆去亲她,见她并不拒绝,我更加放开胆子为她宽衣解带,她美丽的胴体在灯光的照耀下更加刺激了我的欲望,她不停地纠正我的动作,使我和她融为了一体。第二天我的朋友来叫我才醒过来,我发现那个女孩不见了,床上放着一个红包,朋友见了笑着说:"小子,有福气,陪女孩睡觉还有钱收。"其他朋友听了哈哈大笑。直到后来我才知道,原来那是一个酒店的大姐,知道我是处男后给我一个红包,这是她们圈子里的一条规矩。我人生的第一次就这样开始,我连她的名字都不知道,真的可悲,但从此我爱上了这种感觉,每天晚上都去找女人,将她们抱在怀里,从而接触不同的女孩,形形色色,不一而足。这些坐台小姐是不会白白陪我的,她们从我身上带走了很多钱,一次就是几百,就这样,我花钱如流水,使我更加疯狂地将手伸向了社会,偷得的钱却更多地用在她们身上。与她们接触,我又不懂得注意卫生,对性知识更加一无所知,慢慢地我发现自己的身体不舒服,身边的朋友建议我去医院检查,经医院确诊,我得的是性病之后,我不得不搞钱来医治自己,在我搞钱的过程中,幸运之神却与我失之交臂,我被警察抓住了,接受了法律的制裁。

　　自从我被关押进去之后,我一下子改不掉外面的坏习惯,喜欢自由自在不受管制与约束,更听不得别人的大呼小叫。里面不准吸烟,我想方设法找烟抽,被警察发现批评后,我却不当一回事,依然我行我素,我成了有名的"刺儿头",动不动就和人打架,经过警察很多次的教育、谈心,帮我分析了过去所犯的错,为什么会走上这条路,久而久之,我向警察敞开了心扉,警察知道我是一个不幸的孩子,身上还感染着性病,对我更加关心,带我治疗,我深受感

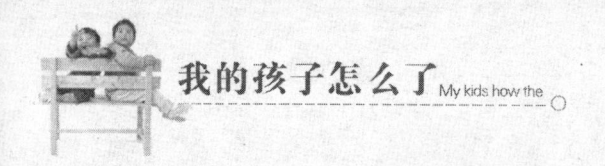

动，似乎找到了家庭的温暖，使我有种迷途知返的感觉。

心灵启航

合理调适阴暗的心理

荣格派心理分析师德尔·马德斯博士说："了解阴影自我之后，我知道自己将要作出哪种反应，于是我就能改变尚未作出的反应。"其实，人不能消灭阴影自我，就像人根本摆脱不了过去一样——但我们可以重新认识它，从而进一步控制它。比如很多搞艺术的人，魅力和气质就是不一样，他们通过油画、素描、雕塑等艺术方法就可以表现阴影自我，本身就是在做一项了解的治疗；还有一种方法，也是很有用的，就是一定要去和自己以前不熟悉的人或事打交道，直到能够了解控制。

本案例中的孩子，他的失落来源于一场阴影，那就是他父亲被带走的那一刻，这一刻的影响或许就是他一生的影响。但是，没有谁为他的这种阴影进行疗伤，相反，孩子的母亲又离开他，他受到了更大的歧视，产生了更加阴暗的心理。面对这种冷漠的眼光，没有人给他梳理。一个家庭，只有和年迈的奶奶相依为命，一个太老，一个太小，年老的无力管教年小的，年小的不能理解年老的，这样的家庭，出问题在所难免。孩子对自己过分打扮，对女人的迷恋与追求，从另一个侧面说是他想以此来掩饰自己的阴暗心理。最终，孩子一步一步地滑向堕落的边缘，从而走向深渊。在心理学上讲，一直受某种因素的暗示，就会觉得自己很多行为甚至超越了此类暗示的行为，认为自己所有行为是不受欢迎的，而自己又不自觉这么做，那么做。时间久了，过分压抑自己的行为就成为一种定时炸弹。当一些不良情绪积压太久的时候，精神不自觉地排斥某些想法或行为，并将它们集中成一个单独的人格（好像变了一个人似的），受到排斥的人格会在情绪爆发的时候浮现，严重时就会出现人格分裂。因此，要想孩子活得更精神，其实还是要把孩子琢磨透，化解他的灰暗心理，走入阳光地带。

针对孩子的阴暗心理，尽早恢复健康心态，建议家庭：

1. 鼓励孩子的哭闹。 孩子在面对措手不及的事时，往往被吓哭，别老说"好孩子，别哭"。孩子遇到伤心的事情，有的孩子会哭，有的孩子则能忍住不哭，家长普遍会赞赏后者。其实，哭是孩子常见的一种情绪行为，真实地表现了他的情绪状态，证明孩子的心理是比较轻松的，也是非常健康的，反之心理是沉重的，甚至是有某种障碍的。一个孩子很善于克制自己，喜怒不形于色，缺乏丰富多彩的表情，那不是一个心理健康的孩子所具备的特征。

2. 让孩子接受阳光普照。 要让孩子摆脱不幸、不公平的想法，多组织他进行户外活动，比如与朋友登山、郊游等，适当的时候，对他们控制不了自己的事情要极力疏导，让他们知道生活是在阳光的一面，有些错误的阴暗仅仅是一件事情，不代表事情的结局，也不会影响一个人的一生。

3. 给一个好的牵引力。 许多书籍、戏剧和电影，如《星球大战》，还有《蝴蝶飞》，都是作者探索阴影自我的过程中诞生的。感觉这个过程非常有趣，因为只有常常在阴影中发现自己更大的力量，

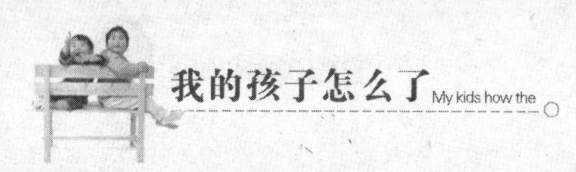

能够完成更多的作品，成就做一件事的动力，甚至发现了新的可以解决问题的途径——而且放下制约自己的高姿态，让人不会活在阴暗之中。

4. 引导孩子表达情绪。家长可以创设这样的一个场景：孩子在家时，可先走到"情绪牌"前，拿起一张自己画的脸谱插在板上。如果家长或老师看到的是一张"伤心的脸谱"，就关切地问："看到你的情绪牌了，今天你不高兴，可不可以告诉我，是为什么呀？"如果孩子不愿意，就让孩子安静一会儿，等他愿意再说出来，让他知道在情绪不佳时也可寻求帮助。简单易行的"情绪牌"，可以说是鼓励孩子表达自己的情绪、引导孩子认知自己情绪和他人情绪的有效渠道。

21　叛逆里的早恋

采写手记

　　高高大大的孩子，小吴坐在我面前，他显得很成熟而稳重，谈吐自然而不拘谨，从外表的形象和言语的表达，他更像一个成年的孩子。他笑着跟我说他的故事，或者他谈的只是孩子们认为时尚的话题，譬如他谈得最多的是网恋，一场一场的纠葛，一场一场的情感，有长时间的恋情，有一夜情的刺激；有无意的偶遇，有精心的守候。我不知道一个孩子有这么复杂的想法，又或者这些想法不复杂，只是在他们没有生活目标时的无聊。他做很多事情原本是没有潜意识的，也没去考虑太多的后果，只是在叛逆的冲动中越走越远，所以他说："其实，懂得了才会后悔。"事非经过不知难。事情的发生只在事后才清楚，可最后还得自己一点点去承担，却让一生背上了沉重的包袱。

我的孩子怎么了 My kids how the

个人资料

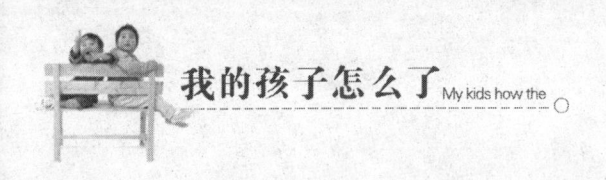

采写对象：小吴（化名）

年　　龄：18 岁

罪错性质：盗窃

文化程度：小学

爱　　好：上网

家庭情况：父亲开车，母亲病逝，继母在外打工，家中一个弟弟。

案件追踪

某日下午，小吴和阿继窜至一网吧门口，由阿继望风，小吴利用随身携带的折叠式旅行小剪刀，将一辆价值3000多元的男式两轮摩托车电线剪断，因警灯闪烁，两人怕发现立即躲到楼顶天台，未被发现。两人下楼后又寻找目标，瞄准了一辆威姿牌女式摩托车，两人再次行窃时被发现，两人又赶紧躲到楼顶天台，被车主发现，两人各持一根木棍从楼顶下来，并击打前来阻拦的群众，被群众当场抓获。

成长记录

出生不久失去了母爱

我出生在农村,自从娘胎生下来,我就似乎没享受过母爱,因为母亲在生下我的第3个月忽然住进了医院,当时我爷爷的哮喘也复发,家里乱成一团。听说那时爸爸在外面上班,一听到这个消息马上回来了,我想那时我一定是目不转睛地看他,很陌生。那时,母亲的病得到了确诊:白血病。父亲每天守候在床边,精心照顾她。

祸不单行。爷爷在我母亲生病后第15天就撒手尘寰。这期间父亲处理的事多,在医院阿姨带着我,还要陪我母亲。那时,我们家的钱都花在了母亲治病上面,家中根本没有积蓄。事隔一年,父亲给我找了一个后妈,那个后妈竟是我的阿姨。长大之后,外婆是这样告诉我的,他们认为我父亲这个人很实在,对我妈妈又好,觉得一家人对不起我父亲,加之他们觉得当时我还小,怕我爸找一个后妈会对我不好,担心我受委屈,于是就把我阿姨许配给父亲,所以,阿姨成了我的后妈,父亲这边也没有人反对,似乎大家都乐意这样做,好像是给一个破碎的家以完整。

从3岁开始一直是外婆带我,我觉得那段时间很开心,酸、甜、苦、辣都很快乐,无论我做什么,外婆都很支持。她可能是认为没有妈妈的孩子很可怜,所以,我做错了事他们也没有过多的指责,慢慢地就惯坏了我,导致我做什么都随心所欲。随着日子的流逝,我一天天的长大,到我6岁的时候我被接回家,接回了那个很普通的家。父亲那时候是汽车司机,收入还过得去,靠父亲一个人维持

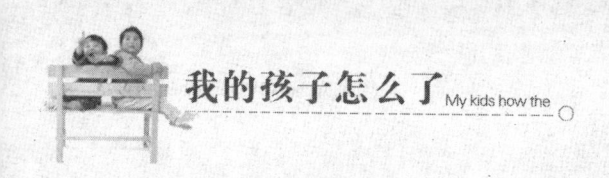

这个家。不久之后，弟弟出世了，等他长大一点，我又多了一个玩伴，我读书放学之后就陪他玩耍，我那时候觉得还是很开心。

在早恋中叛逆出走

父亲要开车赚钱，继母要照顾弟弟，他们能照顾到我的日子就少了很多。光阴似箭，在上小学五年级的时候我开始学着抽烟、上网、打游戏。记得有一次抽烟被父亲闻到烟味，发现这种行为后，父亲开始轻言细语地教育我，他说没有多少时间关心我，那话有点像是对我的愧疚，他还说："吸烟有害健康，况且你年龄小，吸一包烟就要缩短一年寿命。"经过父亲的教育，我吸烟变得东躲西藏，就这样，我在"游击战"中慢慢地沾上了烟瘾。第二次，父亲不像上次那样耐心细致地做工作，而是直接给我一记耳光，打得我蒙了，当时我有种想还手的感觉，但是我忍住了，只是想，你越不允许的事情，我越是要去做；你越打，我越是要冲着你来，由此产生了叛逆心理。过一段时间，爸爸看我死性不改，干脆放任不管，对我爱理不理。我心里想，既然没人管我了，我就自由了。

上初中的时候，父亲还是怕我变坏，特意在学校附近租了一套房子和我一起住，希望以此控制我的自由时间，我特别憎恨他的这种方式，让我感到无比的压抑。所以我经常在学校里逗留，尽量晚点回去，这样，待在学校里我与思好上了，开始了我人生的初恋。当时家人根本不知道我们成熟得这么早，那时候我们在一起也不敢明目张胆，只是偷偷地进行。那时我们对爱情、对人生有着无比的浪漫想法，现在想来都是天方夜谭。我们走在校园外面，从牵手到接吻，再到隔着衣服相互爱抚，每一步是那样的细腻而缠绵，因为我们固执地相信这就是一生的美好，我相信我们的未来，憧憬那种

成人的幸福生活。

　　纸包不住火。当我们正沉醉在幸福当中，没过多久，双方家长都知道了这件事并坚决反对，父亲对我狠狠地骂了一顿，并动手打了我。一气之下，我拿了家里一笔钱就离家走了，坐上了去娄底的车。我有几个小时候形影不离的朋友在娄底，他们读完小学就在那边找工作。见了朋友，我将事情的来龙去脉跟他们说了，当时他们都劝我回去，可我心意已决。我留了下来，办了一张假的身份证，在一家酒吧当起了服务生。刚开始很不习惯，经过一段时间的调整，有了明显的好转。我在家里从来都是饭来张口、衣来伸手，但现在是走投无路，身不由己，因为我不想回到那个家，更不想让他们看笑话。我努力地工作，终于被老板看中升为领班，这本来是不值得惊喜的事，但对我而言却是成功的一个证明，我的压力也比以前少多了，放松了许多。人一放松下来，我就对上班没有多少兴趣了，天天想着快点下班就好，一下班我就去上网，有时候通宵达旦，只有在网上我才能找回快乐，才能找回我的那些畅想的世界。

网络爱情使我越陷越深

　　长时间地待在网吧，我认识了聪，一个很灵秀的女孩子。我们在网上聊得很投入，每次下线都依依不舍，那时我感觉我网恋了，但我没有办法克制自己。网恋是什么？我当时自己是这样分析的：网恋不是毒品，我不会对它产生依赖，只是暂时的慰藉，只是一时新鲜而不会持久，发生了结果就会各自走散。我当时以为网恋是种很俗气的消遣，但现代人何尝不俗气？我和聪在网上相识聊到火热后，我提到见面，她毫不犹豫就答应了。我们在一个溜冰场见面，对我们未成年人来说，这样的地方就是约会的天堂。那天我在酒吧

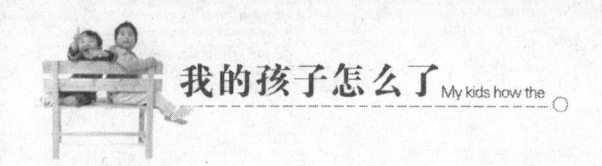

我的孩子怎么了 My kids how the

宿舍里精心准备，该穿什么衣服，衣服和鞋子怎样搭配，我忙了好一阵，并且还向宿舍的朋友征求了他们的意见。现实中的聪比网上的聪要开放得多，打扮得很得体，身材也是那样的好；她谈吐也幽默，毫不拘谨，自然随和，她一出现就把我深深吸引住了。我们并没有急着找宾馆，完事后天亮就说分手。溜完冰之后我送她回家，以后的日子我们都是这样交往着，我希望听到她对我的表白，可她什么也没说，很多时候我和她的朋友一起玩，大多数时间在酒吧、溜冰场玩。与她的交往过程，我也照样与别的女孩子交往，我并不会觉得这有什么不好。有一次和聪的朋友喝酒，醉了之后沉沉地睡着了，醒来之后发现聪就在我怀里。当时，她说："我什么都给了你，你一定要好好爱我。"我嘴上答应得好好的，可我想我不会轻易地喜欢任何女孩子，我只是在寻找一种刺激和安慰。但我和聪在一起，几次想提出分手都说不出口，我跟朋友商量该怎么办，他们说："随她去吧，爱理不理自然就分了。"

在酒吧的时间长了就觉得没意思，有时候工资还老欠着，所以我干脆辞了职，聪也跟我一同走了，我跟她说："靠我一个人养不活我们，你还是去找一份工作吧。"她一听，说："我在家从未干过事，怎么吃得了那个苦。"在没有办法的情况下，她最终还是找一个地方上班去了，我的心情好了很多，但事情并没有往好的方向发展。我在溜冰场认识了小都，溜冰的时候手牵手，回家的时候更像一对情侣，但这件事情正好被聪看见，我们大吵了一场。我说："既然大家都看到了，我们就分吧。"聪说："你太让我失望了。"最终我们没有了联系，一场恋爱就这样草草收场。

🌹 走进了一夜情的深渊

那时候我没什么收入，老是住在朋友家不好意思，我干脆哪儿也不去，天天在网上和朋友闲聊和玩游戏。在一次游戏里，我认识了静，在视频上看得出她长得很好，当时我有泡上她的冲动，所以我每天按时在网上等她，她说什么我都依着她，时间一长，我们彼此有了感觉。她当时说要来涟源看我，我不想让她看到我的穷酸相，就反问了一句："还是我来看你吧？"她答应了。第二天我和阿继去了汽车站。我当时特意带上他，我怕见面了不知道如何做，难免胆怯、紧张，关键时刻，可以让阿继替我挡一挡。按照静给我的地址，我们下车后搭的士去了一个网吧，我的心突然跳得好厉害，好像从来没有这样紧张过。我整理好自己的心情，找了好久终于找到了静，生活中的她更美，这样的美女谁看了都心动，当时我想马上抱住她，

我的孩子怎么了

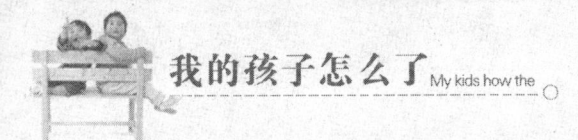

深情一吻，但我忍住了。她开了两台机，让我们先上网，我们就在网上一直聊，这样聊了一个多小时。我在网上说："我可以亲你吗？"她发了一张很好看的图片给我叫我等等。等到晚上10点，她发了一条信息给我："我们睡觉去吧，我有点累。"我马上心领神会地关机后走出了网吧，我们开了房，经过激情而缠绵的一晚后，她早已无影无踪。来不及多想，我跑到网吧找到阿继，发现他在网吧睡着了，他问了我的情况，我得意洋洋地说了一番。当我们坐车回去，再找了座位坐下来的时候，阿继掏口袋拿钱打车票却发现钱包不见了，他说肯定是上网的时候睡着了，被人偷走了。这时，我们仅剩下20块钱。我就说："干脆到我爸那里去。"我们只好厚着脸皮跑到在长沙开车的父亲那里。我首先打了电话，等了20多分钟父亲就来接我们，他问我们是不是今天就回去，我说是，但我不知道如何向他开口要钱。我长这么大从没向他要过钱，因为我对这个问题心有余悸。在我15岁那年，父亲在打牌，弟弟问他要钱如愿以偿，等我过去想要一点时，他对我一顿大骂，想到这些往事我就不敢开口。吃过中饭我就要走，爸爸说："你要去找点事做，天天这样也不是办法。"我随口答应了。离开之后我们准备上网之后再作打算，在一家网吧门口停放着一辆摩托车，是我喜欢的那种，我走到车前看了一眼，我和阿继就商量搞了这辆摩托车，因为我以前看过修理摩托车，对摩托车还算在行，于是，我将20元钱在超市买了一把剪刀，阿继放哨，我去剪摩托车的线，可是并不顺利，进出的人多难以下手，车上警报器一响我们就跑了。平静之后，我们又物色了一辆车，等我将电线刚剪断，车主出来发现自己车上的电线剪断了就大声吆喝，我们害怕极了，顺着楼道跑到了房子的天台上，只听得下面吵得很厉害，我们的心也跳得很厉害。过了一会儿，楼下突然听到有人喊：

"楼上有人。"当时地上有两根木棍，我们拿起木棍等他们上来，上来就跟他们干一场，结果上来了一大批人，将我们团团围住，我俩哪还有还手之力，被他们一顿拳打脚踢，后来110警察将我们带走了，我被送了一年劳动教养，现在想起来真是没听父亲的话，要是听话也就不至于走上今天这条道路，可是哪里有后悔药呢？

心灵启航

解决叛逆孩子的早恋

希腊有一个神话，宙斯给一个名叫潘多拉的女孩一个盒子，盒子里装着人类的全部罪恶。和其他孩子一样，潘多拉也是很好奇的，加上宙斯给她盒子时告诉她，绝对不要打开。正因为这样，潘多拉更想看看盒子里的东西。她打开了盒子，结果人类所有的罪恶都跑到了人间。孩子也是一样，到了一定的时候，往往是父母不让的事他坚决要做，产生一种抵触的情绪，对于父母的批评和劝导不像以前那样听话了，甚至产生抵触、不顺从的情绪。其实这种逆反心理就是你说正，却使他产生一种负的感觉；你本来想叫他向东，他却偏偏产生一种向西的要求；你不许他这样做，反而使他增强了想这样做的欲望。事实上，孩子在这个年龄追求自己的独立人格，很容易产生很强烈的逆反心理。其实，只要父母指导得法，是完全可以顺利地度过这一危险年龄的。

本案例中的孩子，严格意义上说也是一个单亲家庭的孩子，尽

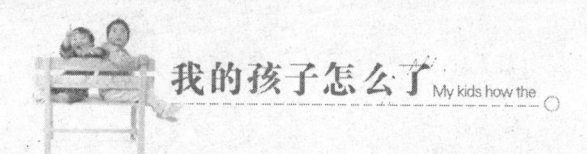

管后妈是亲阿姨，有血缘的关系，但孩子能完全接受还是比较难，而且后妈更偏重照顾自己的亲生子女，父亲忙着挣钱，忙着搞事业，不太关注孩子，没有时间陪孩子、听孩子讲话，把照顾孩子的责任交给老人。隔代教育本身存在一个缺陷，宠爱有加容易导致孩子放纵。等到孩子有了问题，父母要费更多的时间，投入更多的精力，这就好像一个建筑物，地基打得不好，上面建得再华丽也没有用。于是，在孩子出现吸烟的问题上，父亲的过激行为促使了孩子的逆反心理，父亲并没有接受教训，在孩子早恋的问题上又采用同样的方式，他会想"我为什么要听你的？你越是要这样我偏偏要那样"。青春期的孩子要寻求独立，摆脱父母的控制，一时让他和家长做朋友，不是太难了吗？父亲怕孩子变坏，想尽办法和他待在一起，这种方式并不是说就能培训好孩子，父母和孩子的交流很重要，孩子和你讲，你就可以和他谈；他什么都不和你讲，你就什么都不知道。孩子朦胧的感情，父母应该鼓励他说出来，不应竭力反对孩子有他的"意中人"，而是可以告诉他怎样来处理，处理过程中要尊重孩子的感情，不要以家长的标准来要求孩子。孩子自身的成长是一种不可抗拒的力量，接受变化、有利引导才是帮助孩子真正走向成熟的一剂良药！

针对这种逆反性强的孩子，建议家庭：

1. 接受孩子的身体变化和成长。帮助孩子和异性正常交往，尤其是鼓励孩子的同学间广泛接触，共同成长。在群体交往的过程中，既能消除孩子对异性的神秘感，又可防止单独来往的意外。学生时代的交往是成年人交往的基础，不要幻想这时候不交流，大了自然就会交流了；也不要生拉硬扯地一刀切，让孩子感到你的蛮横无理。

2. 发现"苗头"时，理顺孩子心理。大部分孩子的恋爱并不是一种真正意义上的恋爱，多是出于好奇想到什么就做什么。青春期的孩子都有一种逆反心理，你说他在恋爱，他会否认，你越反对，他越反感，越要在一起。尤其要注意处理方法，千万不要乱扣"帽子"，积极梳理他们的心理。

3. 在倾听的过程中必须注意引导的方式。孩子喜欢在诉说前先"探听"家长的口风，并设想自己可能遇到的情况，一旦发现情况的发展不利于自己则可能很敏感地关上自己想倾诉的嘴。引导得好，孩子的心门会被轻易打开；引导得不好，孩子会守口如瓶，但家长也要掏出心里话，将自己的想法都告诉他。

4. 家长不妨充当"偏袒者"的角色。"感情秘密"被家长知道后，孩子除了害怕外，更多的是羞怯。那么，家长一旦发现孩子存在这种情况时不妨让自己充当一个"偏袒者"，适当地替孩子保守隐私，以此作为教育过程中的"筹码"，不但不会使问题扩大，而且更易于孩子接受，有利于家庭教育的开展，不能仅仅从强调"名声"与责任感的角度进行教育，而应从新的角度切入对比考虑，自我认知后果。

22　怨恨我的父亲

采写手记

两地分居的家庭，然后走到了一起，这是一件无比幸福的事情，可往往事与愿违，最终给孩子带来了什么？如果没有那次决裂的离婚，如果孩子不知道那场婚姻里的纠葛，他会怎样？所以我一直带着这些疑问来采写这个孩子，他没有给我答案，但事实上我知道了这个答案，通过他言语的表达，一点一滴的经历，我完全理解他为什么会有这么一天，这不是必然，但这又很合乎常情。父母可能会漠视孩子的存在，以为他小，不懂事，其实他有自己的思考。如果进一步审视他逐步变化的过程，于是就会全面地解读家庭带给他的不幸，最终酿成他的错误。事情远远不止如此，没有结局，因为他还有很长的路要走。

个人资料

采写对象：小刘（化名）

罪错性质：抢夺

年　　龄：17岁

文化程度：初中肄业

出生地址：河北康保

作案地点：湖南长沙

爱　　好：上网

家庭情况：父母离婚，先跟外婆外公生活，后跟奶奶生活，经济条件一般。

案件追踪

某日，小刘窜至长沙市某酒店西边的路口，趁梁某不备将其红色挎包抢走，内有现金300元，联想手机一台，总价值1890元。

成长记录

属于我的幸福生活

我的出生，不知道给家庭带来的是幸福还是灾难。

在我很小的时候，父亲在外面打工，我和母亲生活在外婆家里，外婆和外公都特别疼我。我淘气导致母亲打我的时候，都有外婆外公护着我而不让母亲打我，我就像一个胜利者，而母亲一脸的无奈，坐到沙发上织她的毛衣，然后我又会凑到母亲身边逗她开心。一个很平常的晚上，我的父亲打电话要接我和母亲去大同市去。那天晚上，我知道母亲和外公外婆说了很多的话，在我记忆里，外婆说着

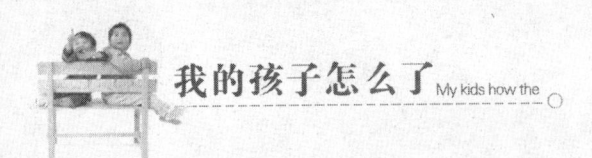

我的孩子怎么了 My kids how the

说着就流下了眼泪，我跑过去说："外婆，你怎么流泪了？"外婆说："风大了，把沙子吹进了眼睛里。"说完，外婆就和母亲去收拾东西，外婆还带我到街上买了好多好吃的东西，叫我第二天一起带走。

第二天天还不太亮，外婆就早早起床给我们做好了早餐。临走的时候，外婆抱起我，将我们母子俩送到了车站，我们都哭了，我哭着哭着就渐渐看不见他们了，后来我在母亲的怀抱里睡着了。坐了好久的车，到了终点母亲将我叫醒，走出了车站，我看见我的父亲在那里等我们。父亲走过来抱起我，接过母亲手里的东西，一起到了他上班的地方，一家人高高兴兴地吃了早餐。在那里生活的一段时间，我认识了很多邻居，也认识了很多的小伙伴，和他们一起玩得很开心。

努力做个乖巧孩子

父母待在一起的时间不长，尽管如此，他们的关系并不是太好。有一次，我二舅带我上山玩时捉到一条蛇，我们把它放到酒里泡起来，父亲每天总要喝上几口，母亲就说："你就记得天天喝那猫尿，整天像醉鬼一样。"父亲推了母亲一把说："用你管吗？你是谁呀？"然后东倒西歪地上床睡觉。这一幕被我看见了，我跑过去抱着母亲，母亲哭了，我也跟着哭了，通过这件事，我特别憎恨那些爱喝酒的人。于是，我晚上找了几个小伙伴，悄悄将父亲那瓶泡蛇的酒拿了出来，跑到一个山上，将里面的酒倒掉了一点，然后我们几个人往里面撒了一泡尿，我们发誓谁也不说出来。过了几天，我爸发现"酒"不对劲，找到我狠狠揍了我一顿，那时我开始有点怕父亲，但那种怕只是怕他的痛打而已。

随着年龄的增长，我到了上学年龄，父母商量我到哪里去上学，最后决定将我送到外婆家上学。见到外婆我非常高兴，但她看上去明显地老了，头发也白了，时常腿痛要用热毛巾去敷，我看了很伤心。我要开学了，母亲领我买了一些学习用品和图画书，外婆外公对我说："你要好好上学，将来要有出息，不要像我们没知识。"我点头答应了。

终于上学了，我每天都能听到外婆的嘱咐在我耳边回响。我上课认真听讲，按时完成功课，每次完成家庭作业的时候，母亲、外婆、外公都会在我旁边陪我做作业，指导我，看我写作业。一个学期后，我的成绩在班上是第一名，我拿着成绩单回家，全家人都激动得很，我眼泪都要流出来了。那时候我是好几年没看到外婆笑得这样开心了。外婆说："不要骄傲，将来才会有出息。"我那时一直铭记外婆的话，成绩一直是名列前茅。

父亲给我的印象

我受的打击应该是从父亲回来时发生的，有一天，父亲突然从山西过来，他一进门就对母亲说："我们离婚吧。"母亲叫我进里屋写作业，我狠狠地望了父亲一眼走进了里屋，也不知道他们商量了多久，或者商量了一些什么，过了很久，母亲走进我的房间叫我和她一起去买菜。我们走在路上，谁都一言不发，我也没问当时的事，我害怕母亲伤心，我想母亲一定是很伤心的。母亲买完菜后又买了一瓶酒，吃饭的时候，母亲喝醉了，她趴在桌沿上哭，她说："为什么会是这样，会什么父亲会抛弃我们？"母亲几个玩得好的朋友也过来了，他们劝我父亲，也做我母亲的工作。当我感觉父亲坐在一旁得意地傻笑，我不知道是哪儿来的勇气，或者是哪儿萌发了一种莫名的冲动，我跑进厨房摸起一把菜刀往父亲身上砍去，当时只想一

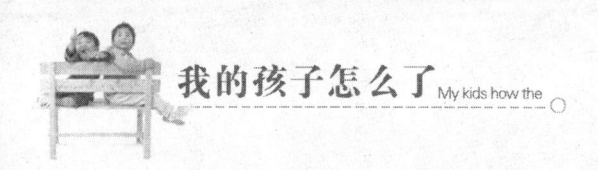

刀将他砍死，我的母亲就不会伤心了。我被周围的人按住了，动弹不得，但我还是大声地叫嚷着："你不是我父亲，我没有你这样的父亲，我恨你一辈子。"他点燃一支烟无言地转身出去，我和母亲在那里哭了起来。

最后，他们离婚了，但令我想不到的是我被判给了父亲，就这样，我成了一个没有母亲的孩子。我原本是恨我的父亲，现在又跟着他过，使我对他越来越反感。由于他们的离婚，我不得不转学住到父亲那边，到了新的学校，一切都是那样陌生，我感到非常不适应，我的成绩也是一落千丈，导致我也不想上学了。我待在学校里也不过是混日子，上课是睡觉，下课也是睡觉，整天无精打采，傍晚放学后就是去上网。父亲问我怎么老是病恹恹的，我理都不理他就进了房间，我恨他，恨到了骨子里，实在不想和他说任何一句话。后来我听说父亲是有了外遇才和母亲离婚，这更加深了我对父亲的敌视。见我这种情形，我的奶奶接我到原来的学校上学，曾经的同学们还在，他们热烈欢迎我回来，于是我又在那里开始了我的学习。由于奶奶住的地方隔外婆家不远，而且我对外公外婆有着深厚的感情，所以每个星期我都要去看他们。我认为我与他们是爱，而与父亲那边只有仇恨，外公外婆也成了我完全的依靠，我离不开他们，他们也不忍心不管我，我就仿佛在一个缝隙中生活。

一个意外的结局

经过了这么多事之后，我的成绩远不如以前。一次同学们到外面玩，我们坐在树林里谈学习和未来。同学们都走了的时候，只剩下一个女同学和我在那儿，她说："我们班没有人喜欢我吧？"我说："谁会喜欢你啊，长得就是一个三八样。"她说："是呀，你当然不会喜欢我了。"说完她眼泪都流了出来。见她这个样子,我说:"我是开玩笑的,我喜欢你的。"她听到这句话,立即跑过来抱住我。那次的游玩也就成了我们的第一次约会,自此我们就有了长期的约会,天天在外面玩。后来我根本就无心上学,到初一就退学了。临走的时候,那个女孩子哭得泪流满面,我看了她一下,狠下心说:"有缘会再见。"说完后我很潇洒地往外走,头也不回,我以为我很帅。

离开学校,我的家人并没有给我过多的压力,也没人劝我要干什么。我的舅舅将我接到北京的一家饭店学厨师,我跟了一个师傅,慢慢地我学会了炒菜。我听从师傅的话,按时上下班,进步很快,会炒很多很多可口的菜,我的师傅都表扬我。出师之后我进了另一家饭店,谈了一个女朋友,那个女孩子不久回了老家长沙。由于饭店生意不好,我也就辞去了工作到长沙找女朋友,在火车上,我的手机和钱被人偷走了,晚上11点多下火车的时候,我趁一个女孩子

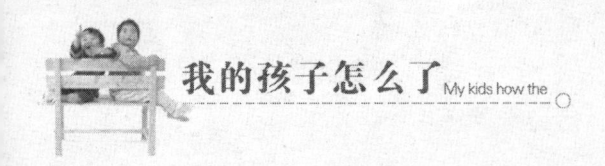

不注意时，我去抢她的包，我没跑多远就被追上来的群众给逮住了，将我送到了派出所。在那里，我体验了一种不可言说的生活，也懂得了许多的道理，我出去后一定要热爱自己的生活，毕竟，我知道自己并不是太坏，我只是处在一个十字路口，未来要看清方向。

心灵启航

减轻孩子自卑的压力

有一天，孩子在幼儿园被一个小朋友打了，脸上被划了长长的指痕。父母去找幼儿园的老师，老师解释说，那是幼儿园的一个小朋友犯的错。那个小朋友怎么这么调皮呢？老师说：孩子的父母在离婚的那段时间，常常是暴力冲突，孩子看到了，无意识地也学会了用拳脚与其他小朋友相处，也就造成了孩子的习惯。暂且不说家庭冲突造成的残破家庭，对社会安定团结的不稳定因素有多大，仅对未成年人的成长来说，那绝对是不容乐观的。大量数据表明，生活在残破家庭中的孩子往往是学校中的双差生，更为严重的是，由于父母离婚给孩子的心灵造成了巨大的创伤，打破了他们的心理上和情感上的平衡，产生一种弱势心理，总以为自己比别人矮一截，事事不如人，因而也容易带来他们行为上的偏差。

本案例中的孩子在父母的离婚争吵过程中拿起了刀面对父亲，然而在离婚后又无奈地跟了父亲，这是一个很不合理的关系。按理，孩子往往比较敏感，有些事情会使他们产生微妙的心理变化：退缩、拒绝说话等。——尽管亲友并没有用异样的眼光看待他，但他仍可能疏远这些人。这种心理导致自我封闭，自己与外界隔绝开来，除了必要的学习和生活以外，大部分时间将自己关起来，不与他人来往，情感上很孤独，没有朋友。所以，孩子只好去上网，靠上网来麻醉自己、躲避他人，最后又会去寻找外人的情感寄托。

针对这种残破家庭孩子的自卑心理，建议家庭：

1. 让孩子自己选择生活环境。 要听取孩子的意见，尽量让他生活在"优势家庭"，这样的家庭是指生活条件较好，家庭教育比较健全，不会造成对孩子管理上的漏洞，让孩子依然能够感受到和睦的家庭，以至将受到的伤害降到最小，让他自然感到了生活充满阳光，感到自己虽然不幸，但又特别幸运。

2. 家长的关注要把握好"度"。 残破家庭孩子并非个个都是问题儿童，所以在关心上也存在一个"度"的问题——过犹不及。冷淡忽视自然不当，但是家长过分关注，总是拿可怜的眼光来看待孩子，也不见得适宜。更不可以过分溺爱，造成孩子贪婪的性格，要为孩子营造一个能努力还原其成长的正常的环境，不论是从外部环境，还是从心理环境上，这要比一味地怜悯同情、过分关心的做法来得适宜。

3. 时常给孩子以激励。 可以利用孩子感兴趣的人物激励他们，告诉他们生活中意想不到的变化对我们产生何种影响，并不取决于这些变化本身，而取决于我们对这些变化的态度和应对策略。多鼓励看一些青春励志的书，甚至不忘和他建立相互的信任关系，一起树立目标。

4. 树立正常的教育心态。 对这些孩子来说，如何引导他们认识家庭的剧变，如何对待未来的生活？其中关键的因素是家长的心态。家长的心态，就是家庭的环境。有些家长，对孩子解释家庭困境的方法是单方面地灌输对方的不是，甚至有的家长会经常无意识地在孩子面前表露"这是前世造的孽，都是我命不好"；"别人帮助我只是在可怜我"；"孩子是我的唯一，没有你我还活着干吗"；"孩子是我的累赘，没有你我可以过得更好"……在这样灰暗的家庭环境中长大，孩子是难以正常的心态融入学生群体以及投身学习生活的，于是"问题"产生了。

5. 要多与孩子拉家常。家长不要主观上认为孩子小，一切事情家长说了算，孩子有他们的思维，需要参与交流与讨论，他们成长至关重要的思想因素是家庭充满真爱。可以平时一起寻找交流的主题，告诉孩子事情的真相，然后组织现有的家庭成员能够同舟共济，克服任何难关。

23 淹没在爱慕之情

采写手记

一曲优美的吉他弹奏，绝对能够看得出这个孩子的天资聪颖。从音乐里，他相信自己是有灵性的，尽管他不再专门去学音乐。这些，也只是在他学习之余的个人爱好，他不是个腼腆孩子，大胆而热烈地演奏给我听。完了之后，他仿佛是用音乐的语言说起他的过往，说得诗意而生动，那是属于一个年龄阶段的故事，或许不仅仅是他，是我们所有的孩子，过往的，正在过往的，都有些迷迷糊糊的遐思，但是，有些人正确地走过了，有些人却犯了错误，我们不应该去过多谈论错误，而是在走这段青春年少的季节里，我们应该怎样去面对这样的孩子，怎样去引导那些风花雪月的情绪。

个人资料

采写对象：小贺（化名）
年　　龄：17岁

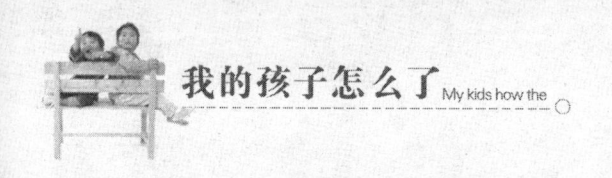

罪错性质：盗窃
文化程度：初中
爱　　好：电游
家庭情况：父母在家务农，家庭经济条件较好。

案件追踪

某日，小贺窜至长沙市某县小区的一栋居民楼，盗得黄某一辆女式摩托车，价值6600多元，销赃后得款挥霍一空。

成长记录

从小时候起我就很调皮，但是，我的成绩总是名列前茅。我上学的条件比较好，学校组织了兴趣班，我对音乐很感兴趣，而且也表现了较强的天赋，因此我参加了学校的音乐班。音乐班大部分都是女孩子，但我的活跃以及我的优势，很快我就感染了大家，一时我仿佛成了音乐班的中心人物，不管是男孩女孩都愿意与我交往，我也很讨老师的欢心，从那时起，不管是学习成绩还是音乐水平，我都成了同学中的佼佼者，所以，我考取了当地最好的中学。

迷恋蝴蝶般的身影

考上了好的中学，我的家人很为我高兴，也很为我骄傲。进了中学，我成了学校的尖子生，使我的自尊心得到了极大的满足。在初三的时候，我们班上的男男女女开始递纸条，都是为了情书或约会等活动，这样的事情一度在班上很频繁，我无意去抵御什么，很自然地有些这方面的想法，心情变得慌乱不安。也不知从哪一天开始，一个美丽圣洁的女孩子像蝴蝶一样翩然飘入我的梦境，我的心就像一只小鹿在爱的原野上迷茫地瞎撞。每天我会早早地来到学校，装模作样地在一片草地上心不在焉地看书，一边远远地眺望她来学校的方向。每当看着她来，她的身影如弱柳扶风般婀娜多姿，而一旦她真实地走近了，我的内心害羞得却只能低头走过，但我总是会目不转睛地望她走进那片绿树掩映的校园。

有个星期天我没有出去，一个朋友来我家说："这个尖子生平时喜欢出去遛遛，今天怎么待在家里？是不是得了相思病？"我满脸通红，心里咚咚直跳说："胡说什么呀。"他眨了眨眼睛说："别装算了，还有什么能逃过我的眼睛？"说着他从衣服里掏出一张小纸条念了一首小诗："如果你是一株美丽的大树/我愿是一只深情的小鸟/藏在你的绿叶间呢喃/如果你是大海中的一叶风帆/我就是那一朵痴情的浪花/伴随你的征途。"这个家伙什么时候偷看了我处心积虑写出的小诗？我心里直犯嘀咕。我还准备将这首诗送给我心中的那个"LJ"。他说："现在就跟我说吧，她到底是谁？我帮你去摆平他。"说完我们都哈哈地大笑起来，这态度一变，我们就变得认真了起来，他向我传授他的成功经验：用热情的眼光盯着她，用情书明明白白告诉她，用甜言蜜语淹死她，写上一千个"爱"字，画上一朵玫瑰，女孩子就会心领神会，会主动约你，时候差不多时就大胆拉一回女孩子的手，她就会铁定了跟着你……我的天呀，我从来没想过拉女孩子的手，我躺在床上，望着天花板发呆。

丧失空气般的自由

日子一天一天地流逝，我的心思总是处在游离不定之中。终于，在第一次月考下来的时候，我傻了眼，班主任便将忐忑不安的我叫进了办公室。班主任大学中文系毕业后开始教我们，工作年龄不长，鼻梁上架一副眼镜，镜片后的眼睛总是那样清澈宁静，我们私下里都叫她"居里夫人"，也不知道这种称谓是不是形象。她将我叫进办公室，美丽生动的眼睛里有几分不满的情绪："你看看你的成绩，名次从以前的前三名落到了快二十名，英语还没及格。你好好反思一下，到底是为什么？是什么原因？"一连串问话让我的头都是晕的。

的确，我的成绩下滑如此之厉害，令所有的学科老师都感到很意外，他们对我的问题进行了全面的"会诊"，他们认为上网我可以控制住，贪玩也能节制，在排除了无数种可能之后，一致断定我是早恋了，只有早恋才可以使我的成绩一落千丈。于是，班主任明察暗访，从学生中取证调查，归纳起来，铁证如山地讲了三点：一是我曾和一个同学在厕所里讨论过关于爱情的问题；二是班里有女同学曾写纸条子想和我交朋友，我拒绝了她，但我爱另一个女孩子；三是我的那首爱情诗经过LJ被传得沸沸扬扬，在同学中流传。班主任像法官一样威严地审问我，我仿佛被她的目光刺得缩小了一半，耷拉着头，噙着泪水顺着班主任的话说。我知道那时候我不属于自己，而是属于老师，属于人们心中的榜样，尖子生就是这样，但面对这种情形，我却更愿意那时候就是一个差生，一个老师不闻不问、不过分关注的差生，那样我才没有那么多压力，我的心就会如同空气一样自由。

　　其他任课老师也是不肯罢休，分别从生理、心理角度的教育对我轮番轰炸，还以大量中学生早恋为例证说明早恋的危害，那一个一个的故事被他们无限放大之后来教育我，使我一听就有毛骨悚然的味道，尤其是政治老师还"现身说法"，说他就是因为早恋没有考上名牌大学。最后，班主任说："你呀，真傻，怎么能像其他差生一样？你们又怎么懂得爱呀爱的。"说这话时，我看见她的脸绯红起来，但是，我还是没有告诉她我是因为什么，我更没告诉她我心中的那个女孩子是谁，但事情远远没有结束，学校对早恋的禁止并不罢休，尽管他们只是捕风捉影，但却继续对我进行深入教育，数学老师打开记录本向我问话，他摆弄着一支笔，试图指出我堕落的轨迹，让我明白迷途的方向。他问我什么时候递纸条，递过几回纸条给女孩子，并且问我约过女孩子没有。我那时候很诚实，一五一十地说了，我有这种感觉但不知道什么时候开始的，好像是一个渐进的过程，又好像是突然有一天的情感，但我从来没有递过纸条，也没有约过会，什么都没有。尽管如此，我上课开始变得越来越被动，晚上睡不着，白天没精神，满脑子都是那个女孩子的身影。只要在学校，我的眼睛就像雷达一样跟踪着那个女孩子，她像一团火在我的脑海里燃烧。——我不知道自己是为什么。

走进地狱般的深渊

如同为了拯救万劫不复的我，老师集体商量，他们要我说出那个女孩，让那个女孩子转班。像我这样的尖子生是不能早恋，也不允许早恋。但我始终没有说出是谁，一天、二天、三天……我就是不说，任凭谁也不能动摇我，我表现得很坚强。但班主任似乎有点恼了，将班上的女孩子都过滤了一遍，但一个都没有找出来。她很生气，说："你不说出来证明你没有悔改，就是在泥淖中越陷越深。"很巧的是，她从我的抽屉里发现了几张画像，很像班上的一个女孩子，但是，我的画画水平差，他们最终也不能肯定是谁。他们通知了我的父亲。父亲来到学校，知道我在学校谈情说爱，铁青着脸，二话没说就是一巴掌，我的嘴角慢慢流出了血。父亲并不解气，一把拎起我的耳朵，气呼呼地说："小萝卜头就不学好，伤风败俗，回去不要读书了。"我强忍着泪水任凭父亲的打骂，我闭上眼睛，犹如走入了地狱一样的黑暗之中。我睁开眼睛，发现班主任在擦我嘴角的血迹，她镜片后的眼睛还是那样清澈宁静——这是给我最深的记忆。她劝住了发怒的父亲，转过身对我说："你看你，真犟。算了吧，让你保留这个隐私，如果你相信我就到我办公室来吧。"我再次

到她办公室，我并没有说出那个女孩是谁，一旦说出来，一定又会满城风雨，因为她是校长的女儿。

这个伤心的周末，我没有回家，这也是我踏入社会的第一步。可能是逆反心理的缘故，我从此退了学，父亲对我说他很绝望了，母亲也哭个不停。对于发生的一切，我觉得很无奈，只好一个人在外面混，没钱了就出去偷，于是我也就走上一条与读书完全不同的路。

心灵启航

妥善处理爱慕的情感

一场青春期的爱慕之情，导致一个尖子生的堕落，孩子的成长历程因此也得到了彻底的改变。原本是天真无邪的心灵烙上了一辈子的阴影。父亲简单粗暴的处理方式，与其说是处理，不如说这比不处理更加失效。可以说，爱慕是早恋的开始，那么父母必定会担心孩子的青春期问题，父母害怕孩子因此而耽误了学业，害怕他们做出这个年龄不该做的事情，更害怕他们因此而造成感情上的伤害。其实，每个人都走过青春期，父母中的许多人也都经历过从爱慕之情到钟情期的早恋，也体验过那一种懵懵懂懂、恍恍惚惚的感情。因此，对于孩子的爱慕之情，父母要以理性的态度去面对，以平常心处之，不夸大它的严重性，不伤害孩子纯真的感情，当然也不可小视它可能给孩子的成长带来的不利影响。

我的孩子怎么了 My kids how the

本案例中的孩子，从根本上说还谈不上早恋，只是一种对异性的"爱慕"，这个时期正是性渐渐成熟的时候，家长要配合学校进行科学的性心理教育，正确对待性心理现象，如果对这种心理行为处理不妥，孩子会找自己的方式进行对抗。父亲粗暴的态度，不但遏止了孩子的爱慕之情，更给了孩子致命的打击，毁了孩子一生。孩子的心智还不成熟，他们或者只是对异性存有好感，希望进行更多了解，如果父母和他们搞好关系，很多事情就迎刃而解。要是父母和孩子的关系糟糕了，孩子有了问题就不会找家长，甚至与家长对立。许多父母都觉得，孩子这种爱慕之情要是自己不反对，不干预，就没尽到做父母的责任，担心恋爱会带来不好的后果。父母的想法是可以理解的，但爱孩子就一定要保护孩子。如果做法使孩子与家长的距离越来越远，事情也就适得其反。

针对孩子的爱慕之情，家庭应该给他们更多的关心，鼓励他们将眼光放远，并建议：

1. 倾听孩子心声。家长们对孩子间男女交往的态度，普遍都受到孩子的反感。很多男女同学只是因为关系好，就被大人扣上"早恋"的帽子，使原来纯洁的友谊沾上了污点，这样是非常不对的。孩子最反感父母对早恋采取"跟踪监视自己"和"不分青红皂白地责骂"。面对这样的事情，家长最好不要采取过激行为，要尽量了解他们的真实想法，多沟通，少责骂。

2. 加强互动质量。父母和孩子不一定都能成为朋友式关系，有些时候是朋友的关系，比如孩子需要家长的意见时；但有的时候家长要管孩子，因为孩子在很多事情上还管不好自己。有些父母在发现孩子的情绪不对后指望学校解决，更愿意看到孩子马上断绝与对方的来往。其实这些问题往往是因为家长没有足够的智慧和经验协助成长中的孩子恰当地处理早恋引起的各种问题。家庭解决孩子的这些情感问题，目标绝不是站在父母的立场上，家长式地进行教训，甚至制止他们爱慕下去，而是要加强父母和孩子相处的质量，不要因孩子过早爱慕异性而放弃他们，应协助他们理智地处理由早恋产生的问题。

3. 共同探讨问题。现在孩子对异性的"敏感度"已出现了低龄化、普遍化和公开化的趋势。对此，家庭不要惊慌失措，"棒打鸳鸯"、"跟踪盯梢"反而会使孤立无援的两个孩子风雨同舟。如果家长珍视他们的情感，并和他们一起审视这种情感，共同探讨中学生恋爱值不值、本该学习的时光恋爱该不该、能否既不违背情感又被社会规范所承认等问题，会比粗暴干涉的效果好得多。

4. 进行多渠道引导。这种情感的不稳定性和结局的不确定性显而易见，所以不能武断地判断对错，要辩证地看待，家庭对此要有一颗平和之心。谈到"早恋"，容易将人们的注意力集中于批评，忽视对孩子情感的本身的关怀。面对孩子的情感问题，禁止并非良策，默许是种失职，教育孩子要把握成长才是良策。而且，青春期教育可以有多种渠道，引导孩子参加青春期教育课堂等多种活动的结合。

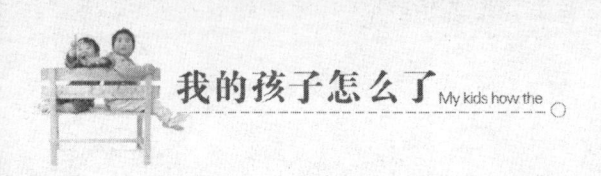

24 在流动中抉择

采写手记

第一次见这个孩子，很突然，这种突然是事前没有预期。以至我见他的时候他的手里正夹着一根烟，抽烟对于孩子已经不是奇怪的事情。走在街上，你随时都可以看见孩子抽着烟，那种很酷的样子。事实上，无论是学校还是公共场合，未成年人都是禁止抽烟，但越是禁止的事情孩子可能越是想尝试。于是，很多大人会阻止，很硬性的，很政策性的，但是对于孩子这种行为，成年人是否理性地看待与教育这个问题仍然值得探讨。我的采写不是围绕这个主题，但是很显然，看到这个场景，我知道孩子是个怎样的孩子，我知道我们还需要做很多事情，特别是我们的家庭，因为孩子在这一点的表现已经不是13岁，有些超出了成人的预料。

个人资料

采写对象：小赵（化名）

罪错性质：抢劫杀人
年　　龄：13岁
文化程度：初中文化
爱　　好：上网
家庭情况：父母打工，11岁时跟随爷爷生活，后随父母生活。

案件追踪

某日，小赵伙同他们为抢劫财物，购买水果刀，在道县将何某杀害，抢劫现金30余元及三轮摩托车一辆，而后逃离现场。

成长记录

流动求学不愿再提

小时候我的大部分时间是和爷爷度过的，直到他去世。在我读小学五年级放暑假的时候爷爷去世，爸妈带着弟弟从外地回来奔丧。丧事办完后，爸妈又要去东莞打工，于是我便哭起来，我说我也要去，爸妈说等我这个学期读完再接我去，我总是说要去。执拗不过我的要求，后来爸妈就同意我跟他们一起去东莞。此后的时间，尽管也不全是伤心，但我只知道自己处在一种游离状态。

离家前夜在我表哥表姐家里，不知道为什么，我看到他们好想哭，可是又哭不出来，我们是从小玩到大的，表哥表姐对我很好。在上车的时候，我总是看着他们，那时我眼泪不自觉地流了出来。坐在车上我很烦，又有点想呕吐。经过长时间的奔波，我们终于到

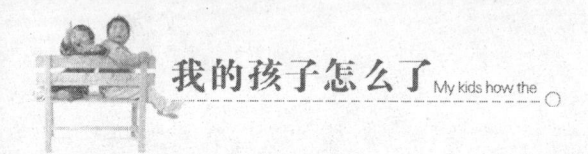

达东莞。我对新的环境既陌生又好奇，觉得外面的世界很精彩。爸妈第二天早上就带我去买衣服，还带我们去虎门公园玩，那里风景很好，给我留下了深刻的印象。过了几天，爸妈去上班了，我跟弟弟在家，周边住着很多老乡，跟我差不多的男孩也有不少，我慢慢认识了几个新朋友，在家的时候就和他们一起玩。这样过了一段日子就开学了，爸爸就带着我到附近的学校报了名，开始了我在那里的学习生活。平平淡淡地过了一学期，倒也没有出现什么记忆深刻的事情。

放假的时候，我跟他们学着去上网，玩一种泡泡糖的游戏，那游戏很好玩；后来又玩一种叫梦幻西游的游戏，也非常好玩。游戏的好玩，也促使我有时候偷偷地拿爸妈的钱去上网，间或我会带弟弟一起去，他在我的身后像一只小鸭子。

不知不觉又开学了，我到学校去的时候，已经没有座位坐了，一个玩得最好的同学叫我先跟他坐着。两个人坐在一起，上课时总是爱搞小动作、讲笑话，总是被老师批评，老师批评我心里很难过，于是下决心认真读书，过一两天又坚持不下去了，就这样变得没有一定的毅力与坚持。

那所学校是外来务工人员的子弟学校，也有点乱，我时常跟人打架，但年纪小，和同学打完架不到两三天又和好如初，现在觉得那时很幼稚。朋友有困难的时候叫我帮忙，我也是竭尽所能。但每次打完架之后，我总会有点害怕，总是发抖，而且回到家里爸妈问我在学校的表现情况，我更紧张，只是说还可以。但这样说过之后我心里很难过，可是我只能这么说，不这样说的话，他们知道真相会更伤心。

早恋之情不能自已

在我的印象里，爸妈也是通情达理，爸妈很少打我。有一次我拿了他们的钱，他们总是跟我说："要钱可以问他们，但要用对地方。"可是我怎么也听不进去，只想着玩，我有时觉得自己真的变了很多，有时候会这样扪心自问：这么小就这样，不知道长大后会怎么样？

但想归想，我总是不能落实在行动上，我甚至也喜欢上了班里的一个女生。我在窗口看着她的笑容，觉得她真的很美，人见人爱……上课了，那节课是英语课，顺便说一句，英语老师是女的，长得很美，人又好，可是我最不喜欢英语课，于是我就请同桌的朋友帮我写信，下课了，我就将信拿给她。第二天午休的时候，我快睡着了，听到有人叫我，我睁开眼看了看，她对我笑了笑，拿着一封信递给我。我打开信，上面写着：我们还是做朋友吧！我现在不想这些，我只想读书，再说你爸妈辛辛苦苦赚钱给你是叫你好好读书，不是叫你来谈恋爱的，我们做个朋友吧！以后再说吧！好吗？

我看了信之后，有些烦恼，我想了想觉得她说得很对，我们就做了普通朋友。那时候我跟她在一起玩，没怎么上网，我觉得跟她玩得很开心。从那时候起，我在学校表现虽然一般，但从没逃过课，没有打架，我整个人都很规矩，跟她聊天时很有趣。她约我溜过一次冰，还有好几个同学，那时候同学之间的友谊我也记忆犹新。那时我是第一次去溜冰，刚穿上溜冰鞋，就摔几跤，我有点都不好意思，我就坐在那里看他们溜，那里人很多，一个同学跑来说溜啊！我说不会溜，他就说带我溜，我说好啊！他扶着我溜了一圈，我能掌握基本的训练动作了，很高兴。后来，我那个女同学看我自己在

我的孩子怎么了

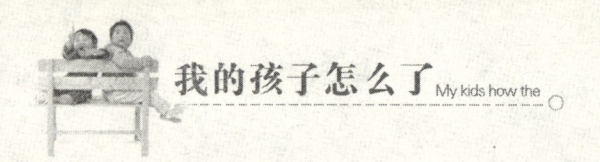

那学着溜冰，就跑过来拉着我的手，她说教我，我既紧张，又兴奋。我跟她溜了一两圈，前面有人转弯，我们躲闪不及摔了一跤，我们摔在一起。我抱歉地对她笑了笑，害得她摔了一跤，不好意思，但起来后她继续扶着我溜。慢慢地我学会了。我甚至可以独自溜过去，和他们去拉手，那些场景一直都令我很开心。到晚上8点多钟，大家都回去了，只有我还没有回家在和她聊天，我们一起去散了一会儿步，在北栅广场坐了坐，我跟她聊天，聊一些有兴趣的事，也聊一些无聊的事，聊到很开心的时候，我慢慢地去抱她，她把我推开，过了一会儿，我又抱她，她没再拒绝，或许是不好意思，或许是她默许了。到10点多钟，我把她送回家了，自己回家之后一夜难眠。但后来辗转回家求学后，我们再也没有联系，仅仅成了记忆里的一道风景。

留守生活不堪回首

时间过得真快，又一学期考完试后，一个晚上，爸妈问我下一学期是否同意回家读书，我跟弟弟想都没想就说好，只是我感觉，自己那时候就像流动的水，流到哪里就是哪里，哪里都没有根须，没有固定的住所。在离开的前几天，我们买了些东西。那天坐早上9点半的车来到北栅汽车站，在那里恰好看见了那个女同学，我看到她抱着她的弟弟，我想走过去说几句话，但又不好意思跟她说什么，最后，我把爸爸的手机要了过来，向她走了过去，我说我要回老家了，她点点头。我建议两个人用手机照几张相，留着做纪念。她同意了，我们一起匆匆地照了几张相后，我们就转车走了。将要离开时，我反复地说："我会打电话的，会想你的。"上了车之后，我拿着手机听歌，一句也听不进去，全是伤感，回家的喜悦和离别的伤

心交织在一起，很复杂，我有一种说不出的感觉。

回家之后，我们先是住在表哥表姐家，过了那段时间，爸妈又去打工了。平常都是表哥带我去集市上玩，去上网，表哥问我是否有QQ号码，我说没有。于是他给我申请了一个，渐渐地我学会了网上聊天。回家之后，我跟表哥在同一个学校上学，一段时间后我知道表哥在学校经常跟别人打架，那时我也跟着他整天打架、逃课等，晚上不上晚自习，我们去包夜上网。

我的弟弟和我在一所学校里，我们在一起时常抽烟，在学校是不可以抽烟的，于是我就跑到隐蔽的地方。晚上的时候，我们出去上网，爬围墙成了我们的家常便饭。这样平淡的一学期很快就过了，寒假过年的时候，我又去了我爸妈那里，在那里，溜冰、上网更频繁，这种地方玩多了，出事也多，有时我们看着别人不顺眼就打，爸妈总是跟我讲很多道理，可是我根本就没有听进去。我住在爸爸上班的那个厂，玩多了我也无心上学，跟他们说我想开店，爸妈最初劝我读书，见我无心上学也没过多反对。后来我在爸爸上班的工

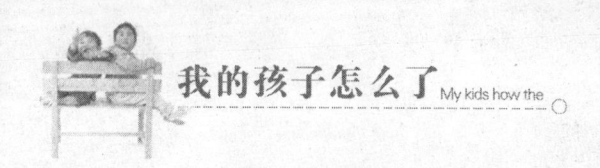

厂旁边开了个不大的店，由我妈妈坐镇指挥，刚开始的时候我劲头十足，也很高兴，但刚开店的头几天就收了四五张假币，我很恼火，也被母亲狠狠骂了一顿。过了半个月我回家了一次，留妈妈看店，我在家里玩了几天。当时身上只带了五六百块钱，我在宾馆里住了一晚，吃了几顿好的就没钱了。在没有钱的情况下，我和几个朋友为了弄到钱而犯了罪。这次犯罪导致了一条人命，因为罪孽深重，我感觉无处可逃，也特别的害怕，使我悔恨终生，于是我就选择了自首来减轻自己的罪责。

心灵启航

熟悉每个时期的特点

有人问袁枚，清朝诗歌中谁写得最好呢？袁枚反问他，《诗经》中有300多篇文章，你以为哪篇最好呢？那个人回答不出来。袁枚于是说："诗如天生兰卉，春兰秋菊，各有一时之秀。"诗歌正如不同季节里五颜六色的花儿一样，各有各妖娆的姿态。所谓各花入各眼，萝卜白菜各有各爱。只要诗歌的音韵能"动人心目"的就是好诗，无所谓第一或第二啊。又有人问袁枚，杜甫不喜欢陶渊明的诗，欧阳修不喜欢杜甫的诗，这是什么原因呢？袁枚说，人与人的性情不同，所以他们不相合。接着引用元稹的话："鸟不走，马不飞，不相能，胡相讥？"鸟不能走，马不能飞，它们的才能不一样，为什么要互相讽刺呢？也就是说一个孩子总会有他独特的一面可以挖掘。

本案例中，孩子从来就缺乏父母的重视，比如最初是一个典型的"留守"孩子，直到五年级才接到父母身边上学，而作为民工的一代孩子，他们的生活、学习环境的不优化也一直受到质疑，直接导致孩子混迹在那样一个疏于管教的群体当中，跟他们学习上网、打牌等不良行为。这样的环境不一定就会出问题，但当监管不到位，教育不健全的情况下，孩子接二连三地出现问题，父母应该考虑更好的教育方式，至少不应该在孩子情感方面出现问题，家人还处在一个完全不知道的真空状态。其实，这个过程不必去讨论早恋对学生产生何种影响，但对于一个家庭，孩子的学习生活情况来源应该是多方面、多角度的，不应该仅仅来源于孩子，孩子对错误的一些方面或多或少会存在掩饰，但还可以拓展信息来源，从学校、邻居、他的同学等方面去更多地观察孩子。孩子的能力、水平在一个什么样的层次，家长只有全面掌握好之后，才可以确定培养方向，而不是一味地按照自己的思路考虑孩子的发展，毕竟，每个人心里都开着一朵别样的花，独一无二，就像每个人的指纹、就像四季的颜色，各有千秋不分轩轾。

针对孩子成长过程中不断的变化，充分发挥孩子的特性和特点，建议家庭：

1. 重新评价对孩子的印象。过去认为孩子只有亲情，而非有爱情，对"性"方面是一张白纸，很纯。现在对孩子要重新定位，孩子的成长过程就包含了这些因素的变化。要充分考虑孩子每一个方面的特质，哪些地方需要指导，如何去指导。

2. 科学包容孩子的不足。无条件地接纳你的孩子，将孩子的所思所想全盘地接受，并回应孩子："嗯，是这样的。"同时，要理性

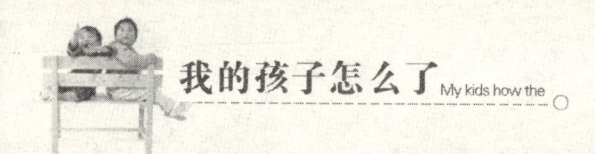

地进行批评，肯定的时候不防对孩子提出自己的观点，这样既能让孩子感受到尊重，又能促进与孩子之间真正意义上的信任与交流。

3. 培养孩子的爱心与责任心。无论什么时候都要消除孩子孤僻的思想，事实上是要力求他具备团队和合群意识，重在消除与孩子之间的疏远感，多与之交流，多鼓励他与周边孩子交流，使之拥有玩伴。

4. 不要太热衷父母的角色。要知道孩子到底在想什么，不是去偷窥他的日记、QQ空间等资料，而是要与孩子多交流，认同孩子的世界，有自己的"情绪体验"，不要将孩子看成是自己的内化，不要说自己做的是为了孩子好，而实际上你是在阻挠孩子。孩子成长过程中需要自我空间，有自己的世界，家长要懂得：一定程度的"亲密分离"有其存在的合理性，也应该考虑、尊重孩子的想法。

后 记
HOU JI

这本书从撰写到出版，刚好经历一年的时间，这段时间里，我在三个单位调来调去，在几个不太相关联的办公室进进出出，像做着一个活塞运动，好在我能寻找到新的视角，而并不是刻意去寻找新的风景。所以，我的坚持也就成了必然，自然要去做一些哪怕在现在看来很无意义的事。

也因此，我与那群问题孩子的接触少了，不必面对这种纷繁，于是也给了我一个有足够时间思考的过程。但总会有这样那样的母亲给我打电话，谈她的孩子每天只想去上网，或者孩子早恋了，反正什么问题都有，我说，不要总是去找孩子的问题，最大的问题是在家长自己身上，在家庭方面。孩子的成长过程是会出现各种问题，不出问题他就不是正常的孩子，而是木偶，是机器，是工具，但没有出问题前，家庭是如何做的，这是每个父母必须重视的一个问题。

说句实在话，我一直保持着一种向孩子学习的心态，也试图和一些熟悉的心理咨询师探讨过孩子的问题，跟很多母亲或者父亲展开过这方面的话题，与学校的老师，特别是工读学校、训练学校的

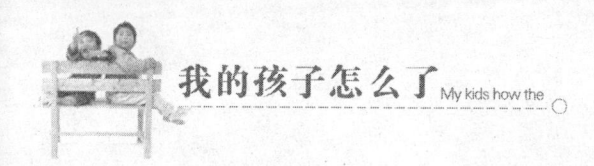

老师有过多次的交流,并且跟很多管教警察私下里讨论过孩子各个阶段的变化,尽管影响孩子出问题的因素很多,真正能找到的源头只有一个:家庭。

事实上,我的很多担忧也是多余的,毕竟,孩子向往阳光的一面总是要多过走向阴暗的一面。我总是在想用一种"范式"去拯救破碎、不健康的家庭,以此用更好的方法去辅导孩子的成长,尽管不必千篇一律地运用某种模式,但吸取"师范"的一种方式达到"家范"尚不可取。无论是聆听问题孩子的心路历程,还是听成年人违法犯罪的现身说法,都能给我一个明显的感觉,他们总要牵涉到一个个家庭,家庭里自然会有孩子,然后才是对社会的进一步危害。我当过听众,去过有很多孩子的地方参观学习。我感谢有这么多的平台,使我能够全方位地来解读这些问题,从而深化这本书的主题。

这个过程,当然还有很多值得感谢的人,感谢何忠禄处长、谢东主任等领导对我的培养与指导,还有我的家人、同事、朋友及中国检察出版社的马力珍编辑,这些都离不开他们的大力支持。

同时,为了方便这本书更有指导性与操作性,我结合实践工作经验,参考了大量的文献资料,在此就不一一列举,以此一并表示感谢。但书中难免还有不尽如人意和疏忽遗漏之处,敬请谅解与指导。

作　者

2009年8月